한 권으로 끝내는 ─────────

# 교사 교육 이론편

**김정준** 지음

글과길

'한 권으로 끝내는'이라는 말이 가장 잘 어울리는 책이 아닐까 한다. 교회 학교 현장에 계시는 교사분들이 실전에서 지치지 않게 하고, 활용할 수 있도록 하는 이론과 실제가 한 책 안에 모두 녹아져 있기 때문이다. '교회 학교 현장이 어렵다'는 말이 이제는 뻔해질 만큼 흔해졌다. 하지만 현장을 위한 '뻔하지 않은 귀한' 책이 나왔다는 것이 너무나 기쁘다. 다음세대를 아끼고 사랑하는 모든 교역자분들과 교사 분들, 자녀를 이해하고 소통하기 원하는 부모님들께 강력히 추천한다.

**정석원 목사** | 《기독교 세계관이 필요해》 저자

주일학교 교사를 다룬 책 중 이 책이 유독 눈에 띄는 이유는 뭘까? 그건 현장에서 교사가 느끼고 있을 고민을 누구보다 정확하게 짚어내기 때문일 것이다. 페이지마다 발로 뛰는 교사, 현장을 아는 교사라면 알고 싶어 할 이야기가 가득하다. 저자는 성실하고도 부지런하게 교사에게 필요한 것을 꼼꼼하게 챙겨주고 있다. 다음 세대를 세워가는 부르심을 받은 교사에게 이 책이 대안이자 희망인 건 페이지마다 저자의 빛나는 혜안이 가득하기 때문이다. 주일학교 교사란 부르심을 고민하는 모든 분에게 이 책을 추천한다.

**이정일 목사** | 문학연구공간 '상상' 대표

합동 99회 총회에서 주일학교가 없는 교회가 65~68%라고 했었다. 2014년 때 통계였다. 코로나를 겪으면서 교회 다음세대는 무너졌다. 이제 교회 안에 다음 세대는 희귀종이 되었다. 이런 상황 가운데서, 다음 세대를 섬기는 교사들은 더욱 중요해졌다. 교사들은 특수직임을 맡은 교회 안 특공부대 같은 존재들이다.

이런 특공부대가 지치지 않으려면 어떻게 해야 할까? 저자는 21세기 이 시대 교회를 재무장 시킨다. 교사 정체성, 방향성, 그리고 갖추어야 할 역량에 관해 논한다. 조국 교회가 어려운 시기, 영화 《라인 일병 구하기》에서 라인 일병을 구하기 위해 특수 부대 8명이 적진에 들어가 라인 일병을 구하듯, 교사들이 영적 전쟁 가운데 다음 세대 한 영혼을 구할 특수 부대로 거듭나길 소망한다.

이 책을 다음 세대 목회자, 교사들, 그리고 섬김이들에게 권한다. 피와 살이 되는 내용을 잘 습득하여 다음 세대로 온전히 세워나가길 바란다!

**김영한 목사** | 품는 교회 담임 및 Next 세대 Ministry 대표

교사가 어떤 사람이어야 하는가?

교사로서 가질 마음가짐은 무엇인가?

교회에서 교사가 차지하는 위치는 어느 정도인가? 등의 질문에 답한 책이다.

이 책은 우리의 보통의 생각을 거절한다. 우리가 어떻게 할 것인가를 '이렇게!'라고 답하지 않는다. 예상하지 못하게 '저렇게!' 되묻도록 답을 한다.

시중에 주일학교 교사 책이 꽤 있다. 그 중 압권이라 할 만한 책이다.

이 책은 '이론 편'과 '실전 편'이 있다. 두 권이면 교사로서의 사명을 넉넉히 감당할 수 있는 교사 교육의 대안을 주는 책이다.

**김도인 목사** | 아트설교연구원 대표

환영합니다! 당신은 교회학교 교사입니다.

교사로 함께 이 길을 걸을 수 있음에 감사합니다.

교사로 함께 이 길을 걷고 있음에 감사합니다.

철새와 텃새가 함께 만들어 가는 교회 현장,

# 신입 텃새에게,

교사는 일생에 한 번뿐이다. 유종의 미를 거두어라.

살다 보면 누구에게나 아쉬운 날이 있다.

지금까지 살면서 가장 아쉬운 날을 꼽아 보라면 당신은 어떤 날을

꼽겠나?

나의 경우, 사역지에서 사임하는 날이다.

교역자는 철새다. 이리저리 이동하며 잠시 둥지를 튼다. 세월이 흘

러 어느 시점에 이르면 다른 곳으로 날아가야 한다.

평생 한곳에서만 사역을 하면 좋겠다고 생각한 적이 있다.
그러나 그럴 수는 없고 그래서도 안 된다.
고인 물은 여러 가지 위험성이 높기 때문이다.

때론 기다렸던 사임도 있었다.
우황 든 소 앓듯 참아야만 했던 순간이 많았기 때문이다.
그러나 정작 기다렸던 사임의 순간, 날갯짓이 되지 않았다.

떠나야 할 순간이 다가오니 후회란 역풍이 거세게 다가왔다.
좀 더 기도할걸.
좀 더 노력할걸.
좀 더 사랑할걸.
좀 더 이해할걸.
후회가 미련이 되는 순간이다.

다음 주, 그날이 교사로서의 마지막 날이라면 당신은 무엇이 가장
아쉬울까?

마찬가지지 않을까.

아이들을 더 사랑할걸.

아이들의 말을 더 들어줄걸.

좀 더 인내해 볼걸.

좀 더 교사들과 친하게 지낼걸.


교사는 텃새다.

교역자는 철새이나 교사는 텃새다. 교사는 계절에 관계없이 터를 잡고 살아가는 새다. 교역자처럼 이리저리 이동하며 교사의 직분을 수행하지 않는다. 물론 피치 못할 사정으로 교회를 옮기는 경우는 있을지 모르나 대부분은 한 교회에서 교사를 한다. 무슨 말인가?


교사는 일생에 한 번이다.

철새인 교역자처럼 이리저리 움직이며 사역을 하지 않는다. 그 한 번이 마지막이 될 수도 있다. 철새처럼 다시 기회가 없을 수도 있다.


그러니 신입 텃새들이여!

불러주신 하나님께 감사하며 행복한 사역을 하라.

지금의 그 설레임과 두근거림을 결코 잊지 말아라.

그래야 언젠가 마지막이 되었을 때, 결코 후회를 미련으로 만들지 않을 수 있다.

영광스러운 직분,
단 한 번의 직분에 들어선 당신을 환영한다.
그 한 번을 멋지게 장식하는 교사가 되길 기도한다.
유종의 미를 거두는 교사가 되길 기도한다.

# 기존 텃새에게,
여전히 첫 설렘을 가지고 있는가. 두근대면 무죄! 설레지 않으면 유죄!

그때를 기억하는가.
아이들과의 첫 만남을 위해 반으로 들어갔을 때의 그 마음.
그때의 마음을 글로 쓴다면 이런 시작이 되지 않을까.

두근두근.
콩닥콩닥.
지금도 당신의 마음이 그러한가? 여전히 가슴에 설렘을 품고 아이들을 만나고 있는가? 텃새의 직분을 오래 감당하다 보면 설렘이 뭉

툭해진다. 똑같은 환경. 똑같은 패턴. 그나마 종종 바뀌는 철새로 인하여 뭔가 새로운 바람이 불어오는 것 같다가도 이내 감흥이 없어진다.

얼마 전 송정연, 송정림 작가가 쓴 《설렘의 습관》을 재미있게 읽었다. 설렘도 습관이라니. '심장을 팔딱팔딱 뛰게 하는 설렘의 순간을 되살리라'는 작가의 말이 마음에 꽂혔다. 특히 이 책 소개의 글에는 이런 문장이 있다.

'두근대면 무죄! 설레지 않으면 유죄!'

다음세대를 향한 교사로 부르심.
다음세대를 위한 교사로 섬김.
여기에 대한 당신의 심장은 어떤 대답을 하고 있나?

아마 오랜 시간 교사의 자리를 감당했을 당신,
어쩌면 교사에 관한 책들은 이미 머릿속에 줄줄 꿰고 있을 당신,
아이의 눈빛만 봐도 아이의 상태를 알고 있을 당신,
그럼에도 텃새인 당신의 마음은 여전히 두근거리고 있는가?

교사가 모두 똑같은 자리에 있다고 하더라도

너무도 설레는 마음으로 아이들이 기다려진다면 당신은 무죄다!

그러나 두렵고 기대감도 없고 설레지 않는다면 당신은 유죄다!

우리는 다시 한번 신입 텃새였던 그때의 그 마음을 기억할 필요가

있다.

이 책을 쓰는 나의 바람은 그렇다.

이 땅의 모든 교사들이,

신입 교사이건 기존 교사이건,

교사라는 이름으로 모인 우리 모두가 영원토록 무죄가 되는,

무죄만 넘쳐나는 교회학교가 되기를 꿈꿔 본다.

철새와 텃새가 아름답게 비상(飛上)하는 교회학교를 꿈꿔 본다.

"좋은 동역자인 당신과 함께

이 길을 걸을 수 있어서 행복합니다."

1. **이 책은 '통합 교육교재'입니다.** 이 책은 신입 교사와 기존 교사를 따로 구분하지는 않습니다. 양쪽 모두의 내용을 담습니다. 이는 사역 현장에서 기존 교사의 재교육도 반드시 필요하다고 생각했기 때문입니다. 그러니 교역자나 지도하시는 분께서 필요한 내용을 재량껏 사용하시면 됩니다.

2. **이 책은 '마중물'입니다.** 저 역시 사역의 현장에서 교사 교육을 위한 교재가 필요함을 절감했습니다. 그러나 아쉽게도 한 권으로 된 책을 잘 찾을 수 없었습니다. 더불어 매번 교사 교육 때마다 자체 교재를 만들어 쓰는 데도 한계가 있습니다. 그런 이유로 이 책이 탄생했습니다. 부디 이 책을 시작으로 교사 교육에 관한 좋은 책들이 많이 나왔으면 합니다.

3. **이 책은 '디딤돌'입니다.** 이 책은 크게 8가지의 주제를 담고 있습니다. 물론 이 8가지의 주제가 교사 교육의 전부는 아닙니다. 다만 각 교회의 교역자나 교육을 담당하시는 분께서 8가지 주제를 발판 삼아 조금 수월하게 교육하기를 바랄 뿐입니다. 이 8가지 주제가 한 권으로 정리되면 교역자와 교사에게 디딤돌이 될 수 있을 것이라 생각합니다. 이 책을 발판 삼아 은혜로운 교사 교

육을 꿈꿔 봅니다.

4. 이 책은 '채워감'입니다. 각 챕터의 핵심 포인트 부분의 마지막 한 문항은 비워 놓았습니다. 이 부분은 교회와 교역자의 성향에 맞게 추가해 사용하면 됩니다. 현장에 맞는 채움으로 마무리가 된다면 이 책이 더 아름답게 완성될 것입니다.

5. 이 책은 '다양함'입니다. 성경의 본문을 사용함에 있어서 개역개정으로만 한정하지 않았습니다. 교사들에게 성경 본문의 다양함을 인식시켜 주고자 했습니다. 할 수만 있다면 상황에 적합한 번역본을 사용하고자 했습니다.

6. 이 책은 '두 권'이 하나의 세트입니다. 이론편과 실전편으로 구성되어 있습니다. 이론편은 교역자, 텃새 교사들의 것입니다. 실전편은 새롭게 교육받는 교사들을 위한 책입니다. 그럼에도 교사 교육을 마칠 때, 교사 교육을 잘 마친 신입 교사 선생님들의 선물로 이론편까지 손에 들려지길 바라 봅니다. 이론편에는 단순한 답을 넘어서 교사의 올바른 자세를 촉구하는 글들이 많습니다. 신입 교사는 물론, 기존 교사에게도 많은 도움이 될 것입니다.

# 목차

# 목차

# 1부

# 교사를 부르심

# 1장

# 캐스팅과 액팅이 만나다 _정체성

# # 아이스브레이킹

◆ 당신을 다섯 글자로 표현해 본다면? ○○○○○!

◆ 당신의 MBTI는 무엇인가요?

**다음세대**
**교육 리부팅 2**

# 정체성이
# 없으면 헤맨다

정체성!

이것은 '교사가 누구인가?'라는 질문에 대한 답이다. 교사는 정체성이 확고해야 한다. 정체성이 흔들리면 가장 먼저 교사직에 대한 회의가 찾아온다. 회의가 오면 교회학교에 필요한 사역들을 추진하기가 어렵다. 마치 안갯속에서 항로를 잃어버린 배가 되는 것이다. 이런 배는 자신은 물론이거니와 다른 배와 충돌할 수도 있다. 그런 점에서 정체성의 문제는 교사에게 가장 큰 위기다.

정체성은 존재에 대한 확신을 의미한다. 정체성에 대한 사전적 정의는 이렇다.

정체성(正体性, Identity) : 변하지 아니하는 존재의 본질을 깨닫는 성질, 또는 그 성질을 가진 독립적인 존재[1]

사역을 시작하기 전, 교사는 자기 존재의 본질을 깨달아야 한다. 시대를 막론하고 사람들은 자신이 누구인지를 알고 싶어했다. 누군가에게는 인생의 목표이기도 했다. "너 자신을 알라!" 고대 그리스 델포이의 아폴론 신전(神殿) 현관 기둥에 새겨졌다는 유명한 이 말이 지금도 우리의 삶 속에서 자주 회자되는 이유다.

21세기를 사는 모든 교회학교 교사는 '교사의 정체성'을 매 순간 삶에 새겨야 한다. 즉, '네가 누구인지를 알라'는 문자를 죽게 내버려 두어서는 안 된다. 사역의 현장에서 끊임없이 심폐 소생해야 한다. 신입 교사이든 기존 교사이든 상관없이 정체성은 항상 살아 움직여야만 한다.

정체성이 죽어가면 그때부터 교회학교에 문제가 생긴다. 교회 안의 다른 직분에서 문제가 생기면 대부분 자신의 문제로 국한된다. 파급효과도 비교적 적다. 그러나 교사에게 문제가 생기면, 그 문제는 교사를 넘어 아이들에게까지 전염된다. 교사의 흔들리는 정체성을 아이들이 보고 배우기 때문이다.

사역의 현장 속에서 보니 흔들리는 교사들 밑에서는 흔들리는 아이들이 태어났다. 정체성에 확신이 없는 교사에게 배운 아이는 자신 역시 하나님께 사랑받고 있음에 확신이 없었다. 확신이 없으니 삶에 생기가 없는 것은 당연한 일이다. 매주 교회는 오지만 뭔가 애매하고 불안해하는 것 같았다. 마치 길치가 길을 찾을 때의 모습과 비슷

했다.

그런 의미에서 정체성은 길치로 설명해 볼 수도 있다. 우리 주위에는 속 터지는 '길치'들이 있다. 길치는 이미 갔던 길을 100번 가더라도 처음 간 곳처럼 느낀다. 비록 면허가 있을지라도 운전이 힘들다. 목적지를 찾지 못하고 뺑뺑 돌기만 하기 때문이다. 정체성을 잃어버린 교사가 바로 이와 같다. 교사의 직분을 받았음에도 직분을 감당하기 힘들어한다. 길치처럼 매번 묻는다. 확신이 없기 때문이다.

사역의 현장에서 매년 이런 길치 교사를 만나게 된다. 부서실을 못 찾아온다거나 소그룹실을 못 찾아간다는 이야기가 아니다. 교사라는 정체성을 잃어버리고 길치가 된 것이다. "이 길이 맞나요?", "하나님께서 저를 교사로 부르신 것이 맞나요?", "교사에 대한 확신이 없어요"라며 사역의 자리를 의심한다. 매주 예배를 드리지만 마음은 자꾸 목적지가 아닌 어딘가를 뺑뺑 돌아다니고 있다. 불안해하며 정착하지 못한다.

길치는 고쳐야 한다. 일단 자꾸 방황하면 먼저는 본인이 지친다. 지치면 뭐든 그만하고 싶다. 이런 길치를 고칠 수 있을까? 고칠 수 있다. 일본의 작가인 기타무라 소이치로는 《여긴 어디 나는 누구》에서 '길치는 병이다. 그러나 길치는 고칠 수 있다'라고 강력하게 말한다.

그렇다면 교사 길치도 고칠 수 있을까? 고칠 수 있다. 아니 반드시 고쳐야만 한다. 소이치로가 제시한 길치를 고치는 방법을 응용하면 된다. 소이치로가 제시하는 방법은 의외로 간단하다. 그는 길을 잃고 헤매는 길치들에게 '닻(앵커, Anchor)를 활용하라'고 한다. 그는 설명한다.

"길을 찾기 위해서는 먼저 닻을 설정해야 한다. 닻은 여정 중에 인상에 남는 표식을 의미한다."

예를 들면 이렇다. 목적지로 가기 위해, 가는 길에 있는 수많은 건물 중에서 단 하나의 건물에만 첫 번째 닻(표식)을 내린다. 만약 내가 길치라면 나는 내가 좋아하는 스테이크 집에 첫 번째 닻을 내리겠다. 이것저것 다 기억하려면 실패한다. 오직 내가 관심이 있는 그 스테이크 집만 기억하는 것이다. 조금 더 가서 자주 가는 세탁소에 두 번째 닻을 내리겠다. 이런 식으로 단지 몇 개의 닻만 내려놓으면 길을 잃지 않는다. 혹은 잃더라도 빨리 제자리로 돌아올 수 있다.

교사는 소이치로가 말하는 닻의 개념에 주목할 필요가 있다. 교사역시 교사의 길에서 필연적으로 흔들릴 때가 있다. 흔들리는 것 자체는 지극히 정상이다. 다만, 흔들릴 때마다 정체성을 의심할 수는 없다. 그러니 교사에겐 교사의 길에 확실한 몇 개의 닻을 내려놓는 작업들이 필요하다. 신입교사일수록 이런 닻을 놓는 작업은 더욱더 중요하다.

닻이 모여 '교사'라는 배를 붙잡는다. 잘 아는 것처럼 닻은 배를 붙잡는 역할을 한다. 닻은 무거운 쇠사슬이 달린 갈고리 형태로 되어 있다. 갈고리가 바닥에 박히면 파도가 쳐도 배가 떠내려가지 않는다. 유사시에는 브레이크 역할도 한다. 닻이 없으면 배는 망망대해를 떠돌게 된다. 교사도 마찬가지이다. 닻이 내려져 있으면 교사가 표류하지 않는다.

교사에게는 정말 확실한 몇 개의 닻들이 필요하다. 이런 닻이 교사의 흔들림과 표류함을 막아줄 수 있다. 혹은 잠시 어려움을 겪더라도 이내 자신의 자리로 돌아오도록 도와준다. 그러니 신입 교사를 막론하고 모든 교사에게 닻을 설정하는 작업은 너무도 중요하다. 다만 위에서 언급한 것처럼 모든 것을 다 닻으로 삼을 수는 없다. 선별 작업이 필요하다.

그런 점에서 교사가 가장 먼저 내려야 할 닻은 '소명과 사명'이다.

소명과 사명의 닻은 그 어떤 닻보다 가장 중요하다.

소명과 사명의 합(合)이 바로 교사의 정체성이기 때문이다.

## 소명, 당신은 캐스팅되었다

소명은 캐스팅(casting)이다.

하나님은 이 땅에서 하나님 나라가 이루어지는 시나리오인 성경을 집필하셨다. 이 시나리오에서 교육적인 부분을 담당할 배우, 그 역할을 교사에게 주셨다. 그렇다. 당신은 다음세대라는 장대한 드라마의 주인공으로 캐스팅되었다. 하나님이 당신을 부르셨다. 이것이 소명이다.

드라마에서 가장 중요한 것은 캐스팅이다. 새로운 드라마가 시작될 때마다 시청자가 궁금해하는 것은 '누가 캐스팅되는가'이다. 캐스팅이 작품의 질과 흥행에 직접적인 영향을 미치기 때문이다. 실제로 우리는 배우가 도덕적인 문제가 생겼을 때, 속편에서 주인공이 교체되는 일들을 쉽게 볼 수 있다. 올바른 배우나 모델을 선택하지 않으면 작품은 관객에게 버림받기 때문이다.

하나님은 성경이라는 완벽한 시나리오를 쓰시고 당신을 캐스팅하셨다. 당신은 그 중요한 자리에 캐스팅된 것이다. 이 단어를 신앙적으로 표현해 본다면 '소명'이다. 국어사전은 소명을 이렇게 설명한다.[2]

- 임금이 신하를 부르는 명령
- 사람이 하나님의 일을 하도록 하나님의 부르심을 받는 일

성경은 소명을 이렇게 표현한다.

그분이 어떤 사람은 사도로, 어떤 사람은 예언자로, 어떤 사람은 복음 전도자로, 또 어떤 사람은 목사와 교사로 삼으셨습니다. _엡 4:11/ 새번역

바울의 이 말을 조금 더 쉽게 풀어서 설명하면 다음과 같다. 브라이언 딕(Bryan Dik)·라이언 더피(Ryan Duffy)는 소명을 이렇게 말했다.

소명은 자기를 넘어선 초월적 끌림을 바탕으로 하며, 자신이 맡은 역할에 대한 목적과 의미를 행동으로 실천하고, 새롭게 만들어 가는 과정에서 타인을 돕고자 하는 가치와 목표를 중요한 동기원으로 갖는다.[3]

여기에서의 핵심은 초월적 끌림, 즉 '부르심'이다. 소명은 초월적인 존재인 하나님께서 당신을 교사로 부르신 것이다. 하나님께서 다음세대라는 교육 드라마의 주인공으로 당신을 캐스팅한 것이다. 비록 사람을 통해 교사로 임명받았지만 궁극적인 임명의 주체는 하나님이시다. 정리하면 다음과 같다.

나를 교사로 부르신 주체가 거룩한 하나님이심을 인정하는 것,

하나님으로부터 받은 거룩한 부르심, 이것이 소명이다.

위의 문장을 다시 한번 천천히 읽어 보자. 교사는 소명의 의미를 좀 더 마음 깊이 새길 필요가 있다. 종종 교사를 그만두고 싶다는 선생님들과 이야기해 보면 항상 문제의 출발점은 소명이었기 때문이다. 소명은 부르심의 주체를 하나님께 두는 것이다. 여기에 대한 확신이 약하기 때문에 조금만 힘들면 그 교사의 자리를 내려놓을 결심을 하게 되는 것이다.

교사라는 직분의 배가 출항할 때, 교사는 가장 먼저 소명의 닻을 확인해야 한다. 자신이 하나님 나라의 주인공으로 캐스팅되었다는 것을 고백하는 것은 곧 정체성의 닻을 확인하는 작업이다. 소명의 닻이 확고한 사람은 흔들림을 걱정하지 않는다. 표류하지 않는다.

길을 헤매지 않는다. 이미 강력한 닻을 내렸기 때문이다.

다음세대 교육의 주인공으로 부르심, 여기에 교사의 첫 번째 정체성이 있다.

하나님이 당신을 캐스팅하셨다. 교사는 하나님께서 주신 직분이다.

## 사명, 배우로서의
## 역할을 다하라

사명은 액팅(acting)이다.

다음세대라는 드라마 주인공으로 캐스팅된 당신! 당신의 역할은 배우로서 그 역할에 최선을 다하는 것이다. 배우로서의 액팅(acting, 연기)에 혼신의 힘을 쏟는 것이다. 이것이 바로 사명이다.

배우의 가치는 액팅으로 증명된다. 많은 연기자들이 시나리오를 받으면 최선을 다해 그 배역에 자신을 동화시키려 한다. 시나리오의 주인공처럼 생각하고, 주인공처럼 먹고, 주인공처럼 말하려고 노력한다. 인물의 삶을 온전히 나의 삶으로 이양시키려 한다. 시나리오에 나온 배역을 완벽하게 연기는 것, 거기에서 배우의 가치가 증명되기 때문이다. 그러기에 배우에게 액팅이란 그저 단순한 연기가 아니다. 실제의 삶이다.

예를 들면, 제이미 폭스는 영화 '레이'에서 흑인이며 시각 장애인이었던 전설의 음악가 '레이 찰스' 역할을 맡았다. 제이미 폭스는 레이 역을 맡기 위해서 피아노 연주와 음악 공부를 시작했다. 시각 장애를 경험하기 위해 하루 12시간씩 자신의 눈을 인공 눈꺼풀로 봉인한 채 리허설에 임했다고 한다.[4] 애쉬튼 커쳐는 스티브 잡스 역할을 위해 비건 생활을 하다가 췌장염에 걸려 두 번이나 병원에 입원했다. 이것 때문에 그는 거의 죽을 뻔했다.[5] 최근 한국에서도 드라마 '무빙'에서 봉석이 역을 맡은 이정하 배우는 그 배역을 위해 무려 30kg을 증량했다.[6]

배우들은 왜 그런 노력을 할까?

왜 거의 죽을 뻔하면서까지 맡은 배역에 최선을 다할까?

다시 한번 말하지만 주어진 배역에 최선을 다하는 것이 배우의 가치이기 때문이다. 배우의 가치는 '액팅'이고, '액팅'은 그의 삶을 거는 것이다.

액팅, 이것을 신앙적인 용어로 풀어 보자면 '사명'이다. 사명(使命)은 한자로 '심부름 사'에 '목숨 명'을 쓴다. 그러니까 사명이란 '목숨을 걸고 하는 심부름'이다. 앞서 배우들이 어떻게 배역을 준비하였나. 그들은 대충대충 하지 않았다. 액팅에 목숨을 걸었다. 이것이 바로 사명자의 자세다. 사명은 교사로의 부르심에 목숨을 걸고 수행하는 것이다.

사명과 소명은 불가분의 관계이다. 소명이 부르심이라고 한다면 사명은 보내심이다. 소명은 내적 확인이고 사명은 외적 행동이다. 바울의 표현을 보면 잘 알 수 있다.

하나님께서 교회 안에 몇몇 일꾼을 세우셨습니다. 그들은 첫째는 사도요, 둘째는 예언자요, 셋째는 교사요. _고전 12:28 / 새번역

바울이 여기에서 제일 처음 말하는 것은 '하나님'이다. 그러니까 먼저는 하나님께서 당신을 부르신(소명) 것이다. 그리고 사명을 주셨다. 바울은 이 사명을 '일꾼'이라고 표현한다. 일꾼이라고 하여 하찮은 일을 처리하는 것이 아니다. 오히려 왕이신 하나님께서 보내신 것이니 사명(詞命, 임금의 말 또는 명령)으로 수행하는 하는 것이 맞다. 즉, 사도도, 예언자도 그리고 교사도 목숨을 걸고 수행하는 직분이라는 뜻이다.

그렇다면 교사가 목숨을 걸어야 하는 심부름은 무엇인가? 이름 그대로 가르치는 것이다. 가르치는 것에 목숨을 걸어야 한다. 하나님은 소명으로 당신을 부르셨고, 사명으로 당신에게 가르치는 일을 맡기셨다. 무너져 가는 이 땅의 다음세대를 위하여 '가르침'이라는 업무를 주신 것이다. 교사는 그런 하나님의 의지를 이어받아 아이들에게 하나님을 아는 지식을 가르치고, 하나님께서 원하시는 삶을 가

르쳐야 한다(신 6:6-7, 마 28:20).

예수님을 보자. 예수님은 사명의 삶을 가장 모범적으로 사셨던 분이다. 성경을 보면 예수님께서 이 땅에서 얼마나 열정적으로 사명을 감당하셨는지를 잘 알 수 있다. 예수님의 사역을 보면 크게 세 가지의 일들이 두드러진다.

가르치고(teaching), 고치시고(healing), 먹이셨다(eating).

이 땅에서 예수님의 삶은 '사명자의 삶'이었다. 하나님의 아들이셨고, 신이었지만, 예수님은 하나님의 보내심을 삶으로 이루어내셨다. 지방에 출장 다니시고, 가르치시고, 병자들을 고치시고, 배고픈 사람들을 먹이셨다. 십자가에서 죽으심으로 자신의 사명을 완벽하게 이루셨다. 교사들은 이런 예수님의 삶을 닮아야 한다.

덧붙여 사명자의 삶은 무엇보다 영광스러운 삶이다. 당신을 캐스팅하신 하나님은 최고의 고용주이시다. 단순한 복지뿐만 아니라 일생의 삶을 책임져 주시는 하나님께서 당신을 배우로 부르셨다. 이 말의 뜻은 당신은 하루하루의 삶을 걱정할 필요가 없다는 것이다(마 6:31). 최고의 고용주께서 당신의 삶을 책임지신다(마 6:32). 당신이 하나님 나라의 사명을 감당할 때, 하나님은 당신의 삶을 책임지신다(마 6:33). 교사는 사명자의 삶을 살아야 한다.

교사는 아이들을 성경적으로 가르쳐야 한다. 교사는 아이들의 삶을 함께하며 아픈 그들의 마음을 고쳐주어야 한다. 교사는 아이들과 함께 먹으며 육신의 배고픔도 채워주어야 한다.

이 세 가지가 바로 교육의 핵심이고, 사명의 핵심이다.
여기에 교사의 두 번째 정체성이 있다. 교사는 사명자다.

핵심 포인트

1. 교사는 **하나님께서 세우신 직분**이다.

바로 그분이 사람들에게 각각 다른 직분을 주셔서 어떤 사람은 사도가 되게 하시고 어떤 사람은 예언자, 어떤 사람은 전도자, 어떤 사람은 목사, 또 어떤 사람은 교사가 되게 하셨습니다._ 엡 4:11 / 현대인

: 목회자만 하나님께서 세우신 직분이 아니다. 교사 역시 하나님께서 세우신 직분이다. 하나님은 그리스도의 몸을 세우기 위해서 이 땅에 교사라는 직분을 세우셨다. 교사는 하나님께서 임명하신 직분임을 분명히 기억해야 한다. 교사로의 거룩한 부르심, 이것이 바로 소명이다.

2. 교사는 **예수님의 사역을 따르는 직분**이다.

그러나 내가 온 것은 양들이 생명을 얻되 더욱 풍성히 얻도록 하기 위해서이다. _요 10:10下 / 현대인

예수께서 그 말을 들으시고 그들에게 말씀하셨다. "건강한 사람에게는 의사가 필요하지 않으나, 병든 사람에게는 필요하다. 나는 의인을 부르러 온 것이 아니라 죄인을 부르러 왔다." _막 2:17 / 새번역

내가 주와 또는 선생이 되어 너희 발을 씻었으니 너희도 서로 발을 씻어 주는 것이 옳으니라. _요 13:14 / 개역개정

     : 예수님은 우리에게 생명을 주시기 위해 이 땅에 오셨다. 그러기에 예수님은 이 땅에 계실 때 천국 복음을 가르치시고, 아픈 사람들을 고치시고, 배고픈 사람들을 먹이셨다. 교사의 역할이 바로 이것이다. 교사는 예수님의 사역을 그대로 따라가야 한다. 다음세대 아이들을 온전히 하나님의 사람으로 키워야 한다. 여기에 목숨을 걸어야 한다. 이것이 소명이다.

① 교사는 아이들에게 성경 말씀을 가르쳐야 한다.
  : 성경은 구원의 방법을 알려 줌(딤후 3:15).
  : 성경은 하나님을 올바르게 섬기는 방법을 알려 줌(딤후 3:16-17).
  : 성경을 가르치는 것이 교사를 향한 하나님의 명령임(신 6:4-9).

② 교사는 아이들이 건강하게 자라도록 도와야 한다.

: 예수님은 우리의 영적인 건강과 함께 육체적인 건강도 고쳐주셨다. 예수님은 소경을 고치시고 한센병을 고시치고, 혈루증을 고치시고, 38년 된 병자를 고치신다. 성경에는 예수님께서 고친 수많은 사람이 기록되어 있다. 교사는 예수님의 가르침을 기억하며 약하고 아픈 아이들이 영적으로도, 육적으로도 건강한 그리스도인으로 자라도록 도움을 주어야 한다(요 10:10下).

③ 교사는 아이들을 심방하고 먹여야 한다.
: 예수님은 말씀으로 그들의 영을 먹이신 동시에 음식으로 그들의 육신을 채워주기도 하셨다. 예수님은 사천 명을 먹이시기도 했고, 오천 명을 먹이시기도 했다. 교사는 아이들과 함께 먹음으로 그들의 육신적인 배고픔도 함께 채워주어야 한다(마 14:14-21, 막 8:1-10).

## 3. 하나님은 **필요한 능력**을 이미 나에게 주셨다.

우리 주 예수 그리스도께 감사를 드립니다. 그분은 나를 충성된 자로 여기시고, 그분을 섬길 수 있도록 하셨으며, 필요한 힘까지 주셨습니다. _딤전 1:12 / 쉬운성경

: 많은 교사가 맡은 직분에 대해서 고민과 염려가 많다. 가장 많

이 하는 말이 "자신이 없다"라는 말이다. '자신이 없다'는 말은 하나님이 아닌 나 자신의 힘을 의지하고 있다는 표현이다. 그러나 성경은 분명히 우리에게 말하고 있다. 이미 하나님은 교사의 직분을 감당할 능력까지 교사에게 주셨음을 말이다. 하나님은 교사의 직분을 주시는 것으로 끝나지 않으신다. 감당할 수 있는 힘까지 반드시 주신다. 그러니 믿고 시작하면 된다.

## 4. 교사인 나는 **충성**만 하면 된다.

이처럼 여러분은 마땅히 우리를 그리스도의 일꾼이요, 하나님의 비밀을 맡은 관리자로 생각해야 합니다. 맡은 사람에게 더없이 요구되는 것은 충성입니다. _고전 4:1-2 / 쉬운성경

: 교사는 하나님께서 세우신 직분이다. 능력은 하나님께서 주시는 것이고, 우리는 단지 이 일에 충성하면 된다. 시작하면 하나님께서 채우신다. 시작하면 하나님께서 도우신다. 시작하면 하나님께서 완성하신다. 이런 믿음으로 한 걸음 나아갈 때, 나머지 모든 걸음은 이미 하나님께서 계획하시고 이루어 놓으신 '준비된 길'을 따라가기만 하면 된다.

## 5. 교사는 반드시 **면류관**을 받는다

너는 죽도록 충성하여라. 그러면 내가 생명의 면류관을 네게 줄 것이다.
_계 2:10下 / 우리말

시험을 참는 자는 복이 있나니 이는 시련을 견디어 낸 자가 주께서 자기를 사랑하는 자들에게 약속하신 생명의 면류관을 얻을 것이기 때문이라.
_약 1:12 / 개역개정

   : 교회학교 교사는 일반교사와는 다른 직분이다. 교사의 직분을 감당한다고 해서 보수가 나오거나 명예를 얻는 자리가 아니다. 그러나 이 자리는 세상과 다른 은혜의 자리이고, 오직 하나님께 칭찬을 받는 자리다. 당연히 영광도 하나님께서 주신다. 교사는 반드시 사역을 통해 영광스러운 면류관을 받는다.

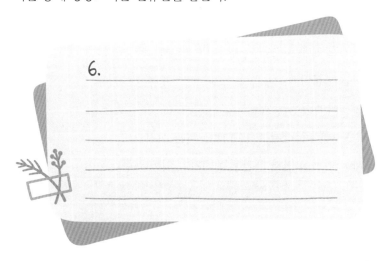

6.

짧은 글,
긴 생각

"교사는 교회학교 스태프가 아닙니다. 교사도 역시 예배자입니다.
교회학교 예배도 예배입니다. 대예배·소예배 같은 것은 없습니다."

사역의 현장에서,
내가 자주 부르짖는 말이다.

교회학교 교사는 스태프가 아니다.

그럼에도 예배 시간에 돌아다니며 분주한 교사를 보게 된다.
아이들이 본다.
아이들이 배운다.
우리도 예배 시간에 저렇게 해도 되는구나!
교사는 자신이 먼저 온전한 예배자가 되어야 한다.

교회학교의 예배도 거룩한 하나의 예배다.

일부 교사들은 부서의 예배가 마치면 "대예배(본당에서 드리는 예배)
에 간다"라고 한다.
그러나 대예배가 어디 있고 소예배가 어디 있겠나.
하나님께 드리는 예배는 다 예배가 아닌가.
굳이 그렇게 표현하자면 모두 '대예배'가 아니겠는가.

예배,
어른들이 드린다고 해서 크고,
아이들이 드린다고 해서 작지 않다.
본당에서 드리기 때문에 크고,
부서실에서 드리기 때문에 작지 않다.
예배는 예배, 이미 그 자체로 크고 거룩하다.

사명과 소명은 당신을 스태프가 아니라 예배자로 부르신 것이다.
온전한 예배를 감당하라고 부르신 것이다.
교사는 이 정체성을 놓치면 안 된다.

# 2장

# 교사는 확신의
# 직분이다 _확신

# # 아이스브레이킹

◆ 언제 이 사람과 결혼(연애)해야겠다는 확신이 들었나요?

◆ 살면서 가지고 있는 가장 강력한 확신 한 가지는
  무엇인가요?

다음세대
교육 리부팅 2

시제의 확신이
교사를
당당하게 한다

교사란 직분은 교회의 노른자다!

교회 안에 중요하지 않은 직분은 없다. 그럼에도 교사가 교회의 노른자인 이유는 가르치는 직분이기 때문이다. 가르치는 일이야말로 미래를 향한 투자 중, 최고의 투자이다. 교회의 미래는 교사를 통해 시작된다.

　교육이 있는 곳에 미래가 있다. 기실 청교도인들이 새로운 터전에서 가장 먼저 세운 건물은 자신의 집이 아니었다. 교회가 먼저였고, 그다음은 학교였다. 왜 그랬을까? 미래를 여는 첫 번째 열쇠는 신앙, 그 다음은 교육이라고 생각했기 때문이다. 그리고 이런 그들의 생각은 정확하게 맞았다. 미국은 지금 초강대국이 되었다.

　교사는 미래의 열쇠를 관리하는 직분이다. 특별히 교사는 세상 지식이 아니라 하나님의 말씀을 가르친다. 위의 논리로 보자면 교사는 미래를 여는 첫 번째 열쇠와 두 번째 열쇠를 모두 가지고 있는 직분이다. 과거, 시어머니는 며느리에게 곳간 열쇠를 곧바로 물려주지 않았다. 믿을 수 있을 때, 그때야 비로소 열쇠를 하사했다. 마찬가지다. 하나님께서 교사에게 첫 번째와 두 번째 열쇠를 맡기셨다는 것은 그만큼 믿는다는 뜻이다. 그런 점에서 교사는 교회의 노른자이며, 그 어떤 직분보다 당당해야 한다.

열쇠를 가진 교사는 당당해야 한다. 그럼에도 사역의 현장에서 보면 그 당당함을 잃어버린 교사들이 많았다. 미래의 열쇠가 자신의 손에 있음에도 어깨가 움츠려든 교사들이 많았다. 아니다. 교사는 그 어떤 직분보다 당당해야 한다.

당당함은 확신과 관련이 있다. 아이들을 보면 엄마가 자기를 사랑한다는 확신이 있을 때, 아이들의 목소리가 더 크다. 교사도 그렇다. 확신이 있을 때 교사는 더 당당할 수 있다. 그런 점에서 교사는 시제(時制)를 통한 확신이 필요하다.

과거 : 하나님께서 나를 부르셨다는 확신
현재 : 하나님께서 나를 통해 일하고 계신다는 확신
      : 지금 나에게 맡겨 주신 이 아이가 최고의 선택이라는 확신
미래 : 나에게 맡겨 주신 교사라는 직분을 잘 마칠 수 있다는 확신
      : 이 아이가 반드시 선한 결과로 맺어질 것이라는 확신

시제에 확신이 있는 교사는 당당할 수밖에 없다. 과거와 현재, 그리고 미래가 모두 확신으로 가득 차 있기 때문이다. 중요한 것은 그런 교사의 얼굴을 보는 아이 역시 확신을 배우게 된다. 확신이 있으면 당당한 그리스도인 된다.

당당함은 뻔뻔함과는 다르다. 이 둘은 확신에서 갈린다. 겉으로 보기에는 큰 차이가 없어 보이지만 사실은 하늘과 땅 차이다. 한 블로그에는 이 차이를 언급하는 글이 있다.[7] 작가는 '당당함은 확신이 있는 사람에게서 나오는 자신감이고, 뻔뻔함은 자기 확신 없는 사람에게서 나오는 불안감이다'라고 설명한다. 그렇다. 스스로에 대한 확신이 있는 사람과 없는 사람은 모든 것에서 차이가 날 수밖에 없다. 실제 사역 현장에서 보면 이 차이가 확실하다.

아이들은 뻔뻔한 교사가 아닌 당당한 교사를 좋아한다. 교사가 매주 만나는 아이들은 대부분 시들시들하다. 일주일 동안 학업과 스트레스에 시달린 결과다. 덕분에 무엇을 물어도, 무엇을 해도 반응이 없다. 대부분은 그저 고개만 까딱거릴 뿐이다. 저학년에서 고학년으로 올라가면 상황은 더 심각하다. 교사는 그 시들해짐을 막기 위해서라도 더 당당해야 한다. 실제로 교사의 당당함이 아이들의 신앙 성장에 큰 힘이 된 경우가 많았다.

예를 들어, 스스로에 대한 확신이 있는 학생은 아무리 어려운 수학 문제가 나와도 당황하지 않는다. '비록 시간이 조금 걸리더라도 나는 반드시 풀 수 있다'는 확신이 있다. 그 확신이 문제 해결로 이어진다. 교사도 마찬가지이다. 교사 역시 매주 예고 없는 문제들을 만난다. 아이들은 저마다 다른 문제들을 안고 교사에게 나아온다. 이런 아이에게 필요한 것은 교사의 확신이다. '내가 이 아이들의 문제와 함께할 수 있다', '나의 능력으로 부족한 부분은 하나님께서 채워주신다', '우리는 반드시 이 문제를 극복할 것이다'라는 확신! 그런 확신이 교사를 당당하게 한다. 아이는 그런 교사를 볼 때 마음에 확신이 생긴다. 교사의 당당함이 아이들의 신앙을 성장시킨다.

신앙의 완성도 확신으로부터 온다. 오스 힐먼이 지은 《하나님의 타이밍》에서는 그리스도인의 삶에는 3가지의 단계가 있다고 서술한다.[8]

  - 1단계 : 편의 단계(편의점을 이용하듯 내가 필요할 때만 하나님을
    찾는 단계)
  - 2단계 : 위기 단계(도움을 청하기 위해서라도 하나님을 찾는 단계)
  - 3단계 : 확신 단계(어떤 상황에서도 선하신 하나님을 믿는 단계)

힐먼은 확신이 신앙의 완성이라고 한다. 우리가 하나님의 선하심을 정말로 확신한다면 우리는 그 어떤 상황에서도 흔들리지 않는다. 교사 역시 마찬가지다.

교사는 어떤 시제(時制)에도 확신이 있어야 한다. 교사가 어떤 시제에도 확신이 있다면 어떤 상황에서도 당당할 수 있다. 과거와 현재, 그리고 미래가 확신으로 가득 차 있기 때문이다. 아이는 확신 있는 교사의 얼굴을 보면서 안정감을 느낀다. 안정감은 혼란과 불확실의 시대에 교사가 아이들에게 줄 수 있는 최고의 선물이 아닐까. 그런 반이 부흥하는 것은 당연한 이야기다.

오늘 교사로서 당신이 아이들을 보기 전에 가장 먼저 해야 할 일은 당당함을 갖는 일이다. 어깨를 펴고, 얼굴에 웃음을 띠고, 사역의 현장에서 크게 외쳐라.

"나는 잘했고, 잘하고 있고, 잘할 것이다. 나는 최고의 교사다!"

교사에게는 이런 당당함이 필요하다.
아이들은 그런 확신으로 가득 차 있는 당당한 교사를 원한다.

내일은 더
아름다운 날이
될 것이다

교사의 내일은 더 아름답다!

교사는 오늘보다 내일이 더 아름답다는 확신이 필요하다. 왜 오늘이
아니라 내일일까? 내일에 대한 희망이 있는 사람은 오늘이 아무리 버겁더
라도 그 일들을 극복하기 때문이다. 인류는 그런 희망으로 어려움을 극
복하고 미래를 개척해 왔다. 교사도 그렇다. 오늘이 버거울 이유가
많지만 그럼에도 교사의 내일은 더 희망적이고 아름답다. 이것이 교
사가 가져야 할 중요한 확신이다.

　요즘 많은 사람이 '할 수 있다'는 말에 목숨을 건다. 임마누엘 칸
트도 말했다. "나는 해야 한다. 그러므로 나는 할 수 있다." 현대의
많은 명상가도 역시 '할 수 있다'라는 마인드 컨트롤을 내세운다. 주
목받는 계발서들의 기본 골자도 전부 비슷하다. '나는 할 수 있다'는

것이다. 부자가 될 수도 있고, 원하는 것을 이룰 수도 있다.

'나는 할 수 있다'는 말, 틀린 말은 아니다. 그렇다고 맞는 말도 아니다. 나의 경우에 스스로 자존감이 바닥을 치고 있던 때가 있었다. 그 상황에서 '나는 할 수 있다'라고 수없이 되뇌어 봤다. 그러나 그 말은 그저 무모한 도전처럼 느껴졌다.

현재 나의 상황이 어렵기만 한데,

맡겨 준 아이들이 점점 더 버겁기만 한데,

안 되는 이유들이 더 많이 생기는데,

'나는 할 수 있다'는 외침으로 이 모든 것이 해결될까?

그렇지 않았다. 나에게는 뭔가 다른 확신이 필요했다.

힘들고 어려울 때, 그때 나에게 희망을 준 것은 '내일'에 대한 확신이었다. '내일은 더 아름다울 것'이라는 확신이었다. '나는 할 수 있다'보다 '내일은 더 아름다울 것이니 오늘을 잘 참고 넘기자'고 했다. 하나님께서 주시는 내일은 조금 더 아름다울 것이라는 희망, 거기에 확신을 걸었다. 그 결과, 아주 조금씩 상황이 변하기 시작했다.

사역을 돌이켜보면 교사에게는 내일에 대한 확신이 정말 중요함을 느낀다. 항상 그런 것은 아니지만 오늘이 버거울 이유가 많으니 좌절한다. 내 배 속에서 난 나의 아이도 돌보는 것이 쉽지 않다. 그런데 남의 배 속에서 난 아이를 소명과 사명으로 돌보는 것, 그 자체가 이미 힘들다. 그럼에도 우리가 교사의 직분을 기쁨으로 감당할 수 있는 것은 오늘이 전부가 아니기 때문이다. 하나님이 주실 내일이 있기 때문이다.

모든 교사들에게 이 점을 강조하고 싶다.

지금 마음이 힘들다면 내일을 바라보자. 내일은 기대해도 좋다!

기대하는 삶이야말로 멋진 삶이다. 우리는 미국의 시인이자 작가, 배우인 마야 안젤루를 통해 내일을 기대하는 삶이 멋진 삶임을 알 수 있다. 그녀는 오프라 윈프리처럼 기구(崎嶇)한 삶을 살았다. 그런 그녀가 나중에 자기의 삶을 돌아보며 지은 시 중에 하나가 '나는 배웠다'이다. 이 시의 첫 구절이 이렇다.

나는 배웠다
어떤 일이 일어나도
그것이 오늘 아무리 안 좋아 보여도
삶은 계속된다는 것을
내일이면 더 나아진다는 것을

그녀에겐 내일이 있었다. 내일이 있었기에 그녀는 오늘을 버텼다. 그녀에게 내일은 더 나은 날이 될 것이라는 희망이었다. 그리고 그녀는 마침내 승리했다.

그렇다고 하여 내일의 행복을 위해 오늘을 저당 잡으라는 이야기는 아니다. 오늘이 중요하지 않다는 뜻도 아니다. 오늘도 역시 하나님께서 나에게 주신 소중한 하루이고, 다시 오지 않는 하루이다. 지금이야말로 최고의 금(金)이라고 하지 않나! 다만 교사는 오늘보다 내일이 더 아름다울 것이라는 기대와 희망을 품어야 한다.

지금이 힘든 상황이라고 하더라도,

여전히 답을 찾지 못하고 있다고 하더라도,

아무리 봐도 나아질 기미가 없다고 하더라도,

분명한 확신을 가져라. 하나님께서는 내일에 더 큰 새 힘을 주신다. 교사의 내일은 분명 오늘보다 아름다울 것이다. 우리는 그런 아름다움을 확신하며 이 길을 걸어가야 한다.

내일에 대한 확신이 있는 교사는 절대로 이런 말을 하지 않는다. "저는 나이가 많은 것 같아서 교사를 하지 못하겠어요." 내일이 더 아름다울 것인데, 왜 오늘 그만두겠는가? 내일은 더 희망이 가득할 텐데 왜 그만두겠는가? 그만둘 수 없다.

교사여, 오늘이 힘겹다면 내일의 태양을 기대해 보아라. 하나님께서 주시는 내일의 태양은 더 예쁘고 더 아름답게 뜰 것이기 때문이다. 하나님은 당신을 위해 그런 아름다움을 준비해 놓으셨다.

내일은 더 아름다운 날이 될 것, 교사가 가져야 할 중요한 확신이다.

## 아이는 반드시
## 꽃이 핀다

농부는 가을에 추수할 곡식을 꿈꾸며 농사를 짓는다.
고깃배는 먼바다에서의 만선을 꿈꾸며 출항을 한다.
교사는 이 아이가 반드시 꽃이 필 것을 꿈꾸며 가르친다.
저마다 삶의 자리는 다르지만 모두 그렇게 될 것을 확신하며 일을
시작한다. 꿈이 현실이 되기 위해 오늘도 우리는 각자의 자리에서
최선을 다한다.

교사는 아이의 미래에 대한 확신이 필요하다. 당장은 아니더라도 이 아이
가 하나님의 계획 속에서 반드시 꽃이 필 것을 기대해야 한다. 여기에서 가장
중요한 것은 꽃이 피는 시간과 장소는 하나님이 결정하신다는 것이다. 교사
는 그저 반드시 꽃이 핀다는 확신만 있으면 된다.

하나님은 꽃이 반드시 필 것을 약속해 주신다. 이사야를 통해 약
속하셨다.

네 백성이 다 의롭게 되어 영원히 땅을 차지하리니 그들은 내가 심은 가지요 내가 손으로 만든 것으로서 나의 영광을 나타낼 것인즉 그 작은 자가 천 명을 이루겠고 그 약한 자가 강국을 이룰 것이라 때가 되면 나 여호와가 속히 이루리라. _사 60:21~22 / 개역개정

하나님은 작은 하나의 꽃이 종국에는 천 개의 꽃이 될 것을 약속해 주셨다. 약한 자가 강하게 된다고 약속해 주셨다. 하나님은 최고의 농부이시기에 그분의 파종과 결실에는 실패가 없다. 교사인 우리가 해야 할 일은 그저 농부이신 하나님을 신뢰하는 것이다.

신뢰한다는 말은 사과의 씨 속에서 사과나무를 보는 것이다. 지금 내 눈에는 작은 씨앗밖에 보이지 않지만 이 씨앗 속에 큰 사과나무를 보는 것이다. 농부이신 하나님을 신뢰한다면 지금 눈에 보이는 모습은 그저 현상일 뿐이다. 마가는 이 상황을 이렇게 고백한다.

예수께서 또 말씀하셨다. "하나님 나라는 이렇게 비유할 수 있다. 어떤 사람이 땅에 씨를 뿌려 놓고, 밤낮 자고 일어나고 하는 사이에 그 씨에서 싹이 나고 자라지만, 그 사람은 어떻게 그렇게 되는지를 알지 못한다. 땅이 저절로 열매를 맺게 하는데, 처음에는 싹을 내고, 그 다음에는 이삭을 내고, 또 그 다음에는 이삭에 알찬 낟알을 낸다." _막 4:26~28 / 새번역

마가의 말처럼 우리는 어떻게 그 열매가 자라는지 알지 못한다. 그러나 하나님은 아신다. 교사는 어떻게 학생이 자랄지 모른다. 그러나 하나님은 아신다. 하나님은 최고의 농부이시기 때문이다. 실수하지 않는 하나님이시기 때문이다.

사역을 해 보니, 교사들은 '현재'를 더 중요시했다. 현재 착한 모습으로 예배당에 들어오는 학생들만 좋아했다. 담배를 피고, 술을 마시고, 염색을 하고, 슬리퍼를 신고 껄렁껄렁하게 들어오는 아이들에게는 그저 '의무'로 다가갔다. 사랑이 아니라 의무다. 그래서 적당히 떨어져서 인사하고, 적당히 친절하게 맞아준다. 그 속에 그 아이의 변화에 대한 확신이 없다. 씨를 보니 이미 상할 것 같은 조짐이 보였기 때문이다.

하나님의 관점에서 상한 씨는 없다. 단 하나도 없다. 무엇보다 하나님은 우리에게 '선별자'의 자리를 주신 적이 없다. 우리는 그저 '양육자'다. 물을 주고, 주변의 잡초를 뽑아 주기만 하면 된다. 교사는 그런 양육 속에 하나님께서 피우실 꽃을 기대하고 확신하면 된다.

정말이다. 교사는 하나님께서 하신다는 확신만 가지면 된다. 과거 사역의 시간들 속에서 '저런 애도 될까?' 싶은 학생이 있었다. 상한 씨였다. 술 담배는 기본이었고, 종종 폭력에 연루되기도 했다. 답이 없어 보였다. 부모님도 포기했다. 그러다가 정말로 억지로 간 수련회, 하나님은 거기서 그 학생을 만나주셨다. 학생의 인생이 변했다. 그 학생은 이제 청년이 되었고, 지금 모 기업에서 신우회 회장을 하고 있다. 만날 때마다 우리는 그저 웃기만 한다. 서로 미안한 마음이 있어서다. 나는 확신이 없어서, 그 청년은 그 순간들이 미안해서.

사실은 나도 그런 사람 중에 한 사람이다. 크게 속은 썩이지 않았으나 고리타분한 면이 많았고, 미래에 대한 기대가 없었다. 겉으로 보기에만 착한 학생이었다. 그래서 나는 교사 세미나를 가면 마지막에 꼭 이렇게 고백한다.

"저 역시 교사들의 인내, 그리고 확신으로 핀 꽃입니다. 피우고 보니 '목사'라는 꽃이었습니다. 마찬가지입니다. 여러분 역시 하나님께서 반드시 아이를 꽃피워 주신다는 확신을 가지고 조금만 더 참아주세요. 아이는 반드시 꽃으로 핍니다."

아이는 반드시 꽃을 피운다.

당신이 상상할 수 없을 정도로 아름다운 꽃을.

그저 당신은 그런 확신만 가지고 있으면 된다.

나머지는 하나님이 다 알아서 하신다.

우리 하나님은 꽃을 피우는데 최고의 전문가시다.

## 1. 교사는 **확신**의 직분이다.

하나님은 세상 창조 전에 그리스도 안에서 우리를 택하시고 사랑해 주셔서, 하나님 앞에서 거룩하고 흠이 없는 사람이 되게 하셨습니다. _엡 1:4 / 새번역

  : 교사가 흔들리는 이유는 확신 때문이다. 삶의 풍파로 인해 자신이 가지고 있는 '확신'이 희미해져 가기 때문이다. 그러나 성경은 분명히 하나님께서 당신을 선택하셨고 한다. 이런 확신이 있는 교사는 자신의 정체성을 잃어버리지 않는다. 교사에게는 세 가지의 확신이 필요하다.

① 과거 : 하나님께서 나를 부르셨다는 확신
② 현재 : 하나님께서 나를 통해 일하고 계신다는 확신
        : 지금 나에게 맡겨 주신 이 아이들이 최고의 선택이라는 확신
③ 미래 : 나에게 맡겨 주신 교사라는 직분을 잘 마칠 수 있다는 확신
        : 이 아이들이 반드시 선한 결과로 맺어질 것이라는 확신

## 2. 하나님은 이 아이들을 **나에게 맡겨 주셨다.**

그대는 그대의 삶과 가르치는 일을 잘 살펴 꾸준히 그 일을 계속하시오.
그러면 그대 자신과 그대의 말을 듣는 사람들을 다 구원하게 될 것입니다.
_딤전 4:16 / 현대인

: 하나님은 교사에게 아이들을 맡겨 주셨다(현재). 마치 교사에게
하나의 예쁜 화분을 맡겨 주신 것과 같다. 이제 교사가 할 일은 그
화분을 '계속'해서 키우는 일이다. 멈추지 않고 키우는 일이다. 이 일
을 통해 아이도 자라지만 교사 역시 자라고 성장한다. 성경은 이것
을 모두가 '구원'받게 될 것이라고 설명하고 있다.

## 3. 교사의 **내일**은 더 아름답다.

너는 죄인을 부러워하지 말고 두려운 마음으로 여호와를 섬기는 일에 항
상 열심을 다하여라. 분명히 너에게 밝은 미래가 있을 것이며 너의 희망이
끊어지지 않을 것이다. _잠 23:17-18 / 현대인

: 교사라는 직분이 말처럼 쉽지는 않다. 그럼에도 오늘을 감사할
수 있는 이유는 교사의 내일은 더 행복하기 때문이다(미래). 내일에

대한 희망의 확신이 있는 교사는 교사라는 직분에 마침표를 찍지 않는다. 갈수록 더 행복한 일이 가득한데, 왜 마침표를 찍으려 하겠는가. 하나님은 교사의 내일이 더 아름답다고 약속해 주셨고, 그것을 믿는 사람은 절대로 교사의 직분을 포기하지 않는다.

## 4. 맡겨 주신 아이는 반드시 **꽃**이 핀다.

우리가 선을 행하되 낙심하지 말지니 포기하지 아니하면 때가 이르매 거두리라. _갈 6:9 / 개역개정

너의 백성이 모두 시민권을 얻고, 땅을 영원히 차지할 것이다. 그들은 주님께서 심으신 나무다. 주님의 영광을 나타내라고 만든 주님의 작품이다. 그들 가운데서 가장 작은 이라도 한 족속의 조상이 될 것이며, 가장 약한 이가 강한 나라를 이룰 것이다. "때가 되면, 나 주가 이 일을 지체 없이 이루겠다." _사 60:21-22 / 새번역

: 하나님은 최고의 농부이시다. 그분은 실패가 없으시다. 그것을 확신하고 아이들을 가르치면 아이는 반드시 꽃이 핀다. 교사에게는 '하나님께서 맡겨 주신 아이는 반드시 꽃이 핀다'라는 확신이 있으면 된다. 그런 확신이 있는 교사가 결국은 꽃을 보게 된다.

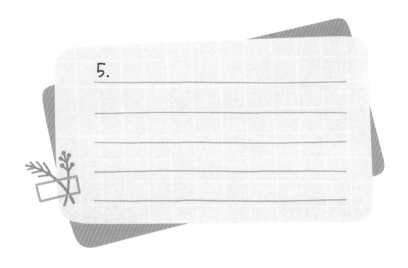

5. _____
_____
_____
_____
_____

짧은 글,
긴 생각

'예수 그리스도를 주님으로 고백하는 신앙인으로 살려면 소신이 있어야 한다. 그리고 소신대로 살려면 믿는 바에 대한 확신이 필요하다.'

_이정일,《문학은 어떻게 신앙을 더 깊게 만드는가》중

'만일 우리가 힘든 시기에 하나님을 신뢰하지 못한다면, 언제 또 다시 그분을 신뢰할 수 있겠는가?'

_오스 힐먼,《하나님의 타이밍》중

교사로서 당신은 어떤 확신을 가지고 있는가?
당신에게 확신이 있어야 아이도 확신이 생긴다.
교사에게 확신처럼 중요한 것은 없다.

2부

교사를 세우심

# 3장

# 빼고 죽일 때
# 비로소 살아난다 _소통

다음세대
교육 리부팅 2

의사를 빼면
소통이 된다
/ 학생들과

요즘 선생님들의 최대 화두는 아이들과의 소통이다. 교사들의 입에서 나오는 말은 대부분 비슷하다. "어떻게 아이와 소통해야 할지 모르겠어요." 자신이 자랐던 시대와 비교하여 너무나 많은 것이 바뀌었기 때문이다. 그렇다면 어떻게 하면 아이들과 소통을 잘할 수 있을까?

소통을 잘하는 법은 간단하다.
의사소통(意思疏通)에서 '의사(意思)'를 빼면 된다.

우리가 생각하는 소통은 의사를 잘 전달하는 것이다. 이것이 '의사'와 '소통'을 붙여 의사소통이라고 하는 이유다. 이 말이 틀린 말은 아니다. 다만 여기에서 교사가 조금 더 생각해 보아야 할 부분이 있다. '의사'라는 것은 결국 내 뜻과 내 생각이다. 아이들과 의사소통이 안 되는 것은 나 중심적인 사고에서 비롯된 결과물이다. 모름지기 내가 중심이 되면 소통이 될 수 없다. 오히려 소통을 가장한 설득이나 강요로 끝나기 쉽다.

설득이나 강요는 '요즘 것들'과 '꼰대'의 싸움으로 귀결된다. 직장에서는 20대와 40대가 서로를 이해하지 못한다. 가정에서는 부모와 자녀가, 교회에서는 선생님과 학생이 대화가 되지 않는다. 한쪽 혹은 양쪽 모두가 '자신만의 의사'를 강조하기 때문이다.

나의 뜻과 생각을 강조하면 그것은 소통이 아니다. 불통이고 불편함이다. 권수영 교수는 《공감에도 연습이 필요합니다》에서 다음과 같이 설파한다.

소통이 진짜 안 되는 이유는 우리가 자꾸 '의사소통'을 하려고 하기 때문이다. 우리는 대개 소통이란 우리의 뜻(意)과 생각(思)을 소통하는 일이라고 믿는다. 그래서인지 의사소통이 잘 안되면, 상대방의 머리부터 의심한다. 왜 상대방은 이리도 이해력이 떨어지는지 내심 짜증을 내게 마련이다.[9]

생각해 보면 권수영 교수의 말이 맞다. 나 역시 부서의 아이들과 대화할 때, 나의 생각이나 뜻이 상대방에게 와닿지 않을 때 그런 생각을 했다. '왜 이렇게 소통이 안 되지? 이렇게나 쉽게 말했는데 왜 못 알아듣지? 머리가 나쁜 것 아니야?' 몇 번 설명을 해 보다가(그나마 몇 번 설명이라도 하면 다행이지만) 안 되면 슬슬 짜증이 올라왔다. 신학을 전공하고, 오랜 시간 동안 교역자로 살아온 내 '의사'로만 대화했기 때문이다.

교회학교에서도 마찬가지이다. 선생님들 중에는 '소통이 안 되어요'라고 말하면서 피로감을 호소한다. 가만히 이야기를 들어보면 대부분 문제의 원인은 '의사(意思)' 전달에 있었다. 선생님들은 몇십 년 동안 형성되어 온 자신의 생각과 뜻을 학생에게 이해시키려고 한다. 학생이 이해하지 못하면 답답해한다.

그러나 생각해 보면 그것이 더 이상한 것 아닌가?

따지고 보면 둘 사이에는 엄청난 차이가 있다. 학생이 선생님의 뜻과 마음을 이해한다면? 그렇다면 둘 중에 한 사람은 비정상이다. '애어른'이 있든 '어른아이'가 있든 둘 중 하나다.

교사와 학생은 다르다. 아주 많이 다르다. 그래서 소통은 머리가 아니라 가슴으로 해야 한다. 머리에서만 머물면 이해력의 범주에서만 끝난다. 서로가 답답하게 느껴질 뿐이다. 권수영 교수는 이런 말도 한다.

소통하고자 하는 상대방의 머리만 문제 삼고 있다면 결코 제대로 된 소통을 할 수 없습니다. 왜냐하면 진정한 소통은 머리뿐만 아니라 바로 가슴의 문제일 수 있기 때문입니다.[10]

이 말은 소통을 하려면 머리가 아니라 가슴에서 만나야 한다는 뜻이다. 서로의 시선이 서로의 가슴에서 만나야 한다. 가슴에서 만나야 상대방이 무엇을 말하는지, 어디가 아픈지, 무엇을 말하고 싶은지를 알 수 있다. 서로 머리만 쳐다보고 있으면 계속 불통이 될 수밖에 없다. 소통을 일본의 작가인 브래디 미카코식으로 표현해 보면 다음과 같다. '타인의 신발을 신어 보는 것.' 미카코는 말한다.

타인의 신발을 신어 보는 것은 누군가에게 나를 투사하여 이해하는 것이 아니라 타인을 있는 그대로 알고자 하는 것이다. 타인이 나와 다른 존재로서 내가 받아들일 수 없는 성질을 갖고 있더라도 그 존재를 인정하고 상상해 보는 일이다.[11]

미카코가 말하는 소통은 내 신발을 벗는 것이다. 오랜 시간 신어 이미 편해진 자신의 신발 즉, 자기 의사를 벗어버리는 것이다. 그리고 좀 불편한 상대방의 신발을 신어 보는 것이다. 상대방의 의사를 나에게 적용해 보는 것이다. 이때 비로소 소통이 시작된다. 소통이 되면 당연히 공감도 따라온다. 아이들과 소통이 되면 교사라는 직분이 훨씬 더 빛을 발한다.

교사는 자기가 중심이 된 의사소통이 아니라 학생이 중심이 된 소통을 해야 한다. 교사라면 내 뜻과 내 생각을 조금 더 내려놓고 학생들의 입장에서 생각해 주자는 말이다. 교사에게는 학생의 입장에서 생각해 보고, 이해하고, 말하려는 노력이 필요하다.

자신의 의사를 죽이고 소통을 하려는 교사!

머리가 아닌 가슴으로 만나는 교사!

다음세대에는 그런 교사가 진짜로 필요하다.

전통을 죽이면
소통이 살아난다
/ 교사끼리

그나마 학생들과의 소통은 조금 낫다. 교사는 기본적으로 학생들을 이해하려는 마음을 가지고 있기 때문이다. 문제는 교사와 교사와의 관계다. 정작 소통을 부르짖지만 같은 교사끼리는 불통이다. 교사 회의만 하면 불통으로 인해 서로 상처받는다. 왜 그럴까?

각 부서마다 전통이 살아있어서이다. 전통이 소통을 죽이고 있다.

예수 그리스도가 살아있어야 할 그 자리에 전통이라는 이상한 허울이 살아있어서 그렇다.

전통은 소중하다. 우리나라에서 가장 유명한 말 중 하나는 "역사를 잊은 민족에게 미래는 없다"는 말이다. 스페인의 철학자 조지 산타야나 역시 같은 말을 했다. "역사를 기억하지 못한 자, 그 역사를 다시 살게 될 것이다"라고. 역사와 전통은 사람을 반추(反芻)하게 만든다. 뒤돌아볼 지점이 있다는 것은 미래에 대한 확신으로 이어진다. 흔히 어린 아기들이 앞으로 뛰어가다가 갑자기 뒤를 돌아 엄마를 확인한다. 그때 자신의 뒤에 엄마가 있으면 다시 열심히 앞으로 뛰어간다. 전통이 그렇다. 전통은 우리에게 뛰어갈 힘을 선물해 준다.

동서고금을 막론하고 전통은 소중하다.
다만 아쉽게도 사역의 현장에서 문제는 전통이다.

사역 가운데 유난히 교사들끼리 소통이 되지 않는 교회가 있었다. 교사 월례회를 하면 다툼으로 끝이 났다. 사역에 열정을 쏟아도 모자랄 판국에 자신의 주장을 하는 데 모든 열정을 쏟았다. 그런 선생님들은 입버릇처럼 말했다.

"전통적으로 우리 부서는…."
"선생님이 우리 부서에 들어온 지 얼마 안 되고 잘 몰라서 그러는 것 같은데…."
"이전에도 저희들이 다 해 봤는데…."
"제가 우리 부서에서만 교사가 ○○년 차인데…."

부서는 협력과 협업으로 이루어진다. 협력과 협업에서의 핵심은 서로 간의 의견 조율이다. 서로 간의 동의가 중요하다. 그런데 꼭 자기주장을 고집하는 교사가 있다. 전통이라는 이름으로. 역사라는 이름으로. 교사의 연수라는 이름으로. 거기에서 갈등이 시작된다.

지금 우리에게는 새로움이 필요하다. 성경도 우리에게 말한다. "새 술은 새 부대에 담아라." 매년 새로운 교사들로 부서를 채우자는 이야기가 아니다. 사역을 오래한 교사들은 이제 그만 쉬라는 이야기가 절대 아니다. 나이나 사역의 햇수와 관계없이 자꾸 옛것을 말하는 소통에 문제를 제기하는 것이다.

새해가 되면 새로운 마음으로 사역을 시작해야 한다. 그러나 우리는 자꾸 뒤만 돌아본다. 김경일 교수는 저서 《공자가 죽어야 나라가 산다》에서 우리의 문제를 다음과 같이 지적한다. 교사는 이것을 좀 더 귀담아들을 필요가 있다.

한국인과 중국인은 유난히 역사에 매달린다. … 모든 정답은 과거에 있다는 답답한 문제해석 의식 때문이다. "옛것을 익혀 새로운 것을 안다(溫故知新)." 물론 때로 과거를 참고할 필요는 있겠지만 동양인들은 이 논리를 천고불변의 진리로 못 박아버렸다.

새로운 것은 새로운 곳에 있다. 현재보다 낮은 수면에는 미래가 존재하지 않는다. 이제까지의 언어를 계속하는 한 새로운 미래는 만들어지지 않는다. 물론 역사 전체를 부정하겠다는 억지를 부리려는 생각은 아니다. 하지만 동양인들, 그리고 한국인의 뇌리에 각인된 '온고지신'의 '뒤돌아보기 문화'는 미래를 지향하는 우리들의 발목을 수시로 붙잡는다. 뭣 좀 해 보려는 젊은이들의 발목을 꽉꽉 틀어잡는다. 도저히 앞으로 나갈 수 없다.[12]

김경일 교수의 말은 전통이 중요하지 않다는 것이 아니다. 다만 전통만 주장한다면 우리는 앞으로 갈 수 없다는 말이다. 전통이 발목을 잡으면 우리는 앞으로 갈 수 없다. 전통이 살아있으면 부서가 앞으로 나갈 수가 없다. 전통이 살아있으면 소통은 죽을 수밖에 없다.

어떻게 하면 전통이 아니라 소통에 방점을 찍을 수 있을까?

수시로 일어나는 갈등을 어떻게 하면 발전의 자양분으로 삼을 수 있을까?

주문을 외우면 된다. 교사 회의나 교사들끼리 이야기를 할 일이 있을 때는 먼저 주문을 외우자. 이런 주문이다. 스웨덴에서 태어나 잘나가는 기업 임원의 자리를 포기하고 태국 밀림으로 들어가 스님이 된 비욘 나티코 린데블라드라는 인물이 있다. 그때 그가 영국인 스님 자야사로에게 이런 말을 들었다.

갈등의 싹이 트려고 할 때, 누군가와 맞서게 될 때, 이 주문을 마음속에 세 번만 반복하세요. 어떤 언어로든 진심으로 세 번만 되뇐다면, 여러분의 근심은 여름날 아침 풀밭에 맺힌 이슬처럼 사라질 것입니다. 그 주문이 뭔지 궁금하죠? 바로 알려드리겠습니다.

내가 틀릴 수 있습니다.
내가 틀릴 수 있습니다.
내가 틀릴 수 있습니다.[13]

이 가르침이 얼마나 강렬했던지 그가 저술한 처음이자 마지막 책의 제목이 《내가 틀릴 수도 있습니다》이다. 내가 틀릴 수도 있다. 참으로 단순하고 명쾌한 진실이지만 우리는 너무도 쉽게 잊어버린다.

전통에 속으면 안 된다. 물론 그렇다고 변화만 주장하는 것도 아니다. 중요한 것은 교회 공동체는 그리스도가 살아야 하는 공동체이다. 교사 간의 소통의 목적은 공동체의 미래이다. 그럼에도 종종 전통과 역사가 교사 간의 소통에 발목을 잡는다면 이렇게 세 번 주문을 외워 보자.

"내가 틀릴 수도 있습니다."
"역사가 틀릴 수도 있습니다."

"전통이 틀릴 수도 있습니다."

우리의 목표는 전통을 쌓는 것이 아니다. 해마다 교사의 연수를 더하기 하는 것도 아니다. 우리 아이들이 예수 그리스도를 구주로 고백하는 것, 그것이 교회학교 부서가 존재하는 이유다. 그 존재의 목적을 이루는 데 있어 전통이나 역사는 그리 중요하지 않다. 오직 예수 그리스도만 나타나면 된다.

전통을 죽이면 그리스도가 산다.
그리스도가 살면 우리 공동체도 산다.
그럴 때 비로소 소통도 살아난다는 것을 잊지 않아야 한다.
교사들이여, 전통을 좀 죽이자.
예수 그리스도만 살리자!

"난 내 아들이라고
생각해"
/ 교역자와 교회에

학생들과 소통을 하고 싶으면 나의 의사(意思)를 빼면 된다.

교사들과 소통을 하고 싶으면 전통을 빼면 된다.

교역자 혹은 교회와 소통을 하고 싶으면 어떻게 하면 될까?

앞에서 자꾸 무엇을 빼자고만 했으니 이번에는 더해 보자.

소통을 하고 싶으면 측은지심(惻隱之心)을 더하면 된다.


언젠가 교회에서 비교적 많은 봉사를 하고 있는 엄마에게 이런 질문을 한 적이 있다.


"엄마! 엄마도 교회에서 엄마의 마음에 들지 않는 교역자가 있을 수 있잖아. 때론 사역의 경험이 너무 없어서 무엇을 해야 할지 모르는 교역자도 있을 수 있고. 그럴 땐 엄마는 어떻게 생각해?"

"엄마? 음…. 엄마는 그냥 내 아들이라고 생각해."

실제로 엄마는 오랜 봉사의 시간 동안 단 한 번도 교역자에게 자신의 의사(意思)를 높인 적이 없다. 좀 불편해도 그저 묵묵히 자신에게 맡겨진 일을 하며 목회자들의 뒤편에 섰다. 지금도 마찬가지다. 평생 교회 옆에 살면서 그저 이름도 없이 빛도 없이 뒤에서 봉사만 하고 싶으시다는 엄마. 목사라는 아들을 둔 엄마의 삶의 무게는 내가 생각한 것보다 훨씬 무거웠다. 엄마가 교역자, 혹은 교회와 소통하는 방식은 '기다림'과 '측은지심'이었다.

기다림은 측은지심이 있을 때 가능하다. 그러나 요즘 사역의 현장에서 점점 측은지심이 사라지는 것 같다. 사역의 현장에서 가장 마음이 아픈 것 중 하나는 교역자와 교사의 관계이다. 교육목사 시절, 부서에 새로운 교역자를 뽑아야 할 시기가 오면 선생님들은 꼭 이렇게 말한다.

"목사님! 이번에 교역자 뽑을 때는 목사님으로 좀 뽑아 주세요. 전도사님이 오시니까 사역의 경험도 없고, 축도도 못하고, 불편한 것이 너무 많아요."

더 기가 막혔던 것은 목사를 뽑지 못하고 교육 전도사님을 부서로 보냈을 때의 이야기이다. 어느 날, 사무실에서 풀이 죽어 있던 교육 전도사님을 발견했다. 내용인즉, 교사 선생님 한 분이 이런 말을 했단다.

"전도사님! 배우러 오셨으면 좀 제대로 배우셨으면 좋겠어요. 그렇게 해서 목사가 될 수 있겠어요?"

안타깝게도 생각보다 이런 말을 하는 교사들이 많다. 목사는 되지만 교육 전도사는 안 된다고 주장하는 교사들이 많다. 교육 전도사가 목사가 될 때까지 기다리지 못한다. 그럴 때마다 가슴이 무너져 내린다.

이런 마음을 가진 교사들와 담당 교역자가 서로 소통이 될까? 절대로 안 된다. 김수인 상담사는 《소통 수업》에서 "소통은 말 이전에 마음 연결부터 해야 하는데 그 마음 연결이 '기분 나쁨'으로 시작하니 그다음 말은 도통 들리지 않는 것이 당연하다. 잔소리를 듣고 동기부여가 되었다거나 변화를 경험했다는 경우를 나는 거의 보지 못했다"[14] 라고 말한다. 한마디로 마음이 연결되지 않으면 소통이 안 된다는 것이다. 이미 서로의 마음은 어긋났고, 귀는 막혔다.

예수님께서 우리에게 가졌던 마음은 측은지심이었다. 예수님의 마음을 나타내는 대표적인 단어가 무엇인가? 우리가 자주 말하는

'스플랑크니조마이(σπλαγχνίζομαι)' 아닌가? 마가복음 6장에서 목자 없는 무리를 보시며 군중을 불쌍히 여기시던 마음, 누가복음 7장에서 여인을 보면서 하셨던 말씀 "여인아, 울지 마라." 이 마음과 말씀이 바로 '스플랑크니조마이'다.

스플랑크니조마이는 측은지심이고, 하나님의 긍휼하심이다. 창자가 끊어질 듯한 아픔을 지닌 마음이다. 우리를 향한 그런 아픔을 느끼셨기에 예수님이 이 땅에 오셨다. 그런데 정작 예수님을 따라서 살겠다는 교사들에겐 그런 예수님의 긍휼이 점점 사라지고 있다.

개인적으로 이찬수 목사의 설교를 자주 듣는다. 이찬수 목사는 설교 때 자주 말한다. "저는 옥한흠 목사님이 계셔서 제가 여기까지 올 수 있었습니다." 혹은 "부족한 저를 끝까지 믿어주시고 함께해 주신 동역자들이 계셔서 제가 여기 있습니다." 측은지심으로 자신을 받아준 믿음의 동역자들이 있었기에 지금의 이찬수 목사가 있다고 고백하는 것이다.

교사의 측은지심이 미래를 낳는다. 교회의 미래, 교역자의 미래를 낳는다. 생각해 보라. 오늘 나의 부서에 온 교역자가 처음부터 옥한흠 목사일 수 없다. 처음부터 이찬수 목사일 수도 없다. 분명한 것은 그분들도 교육 전도사부터 시작해서 실수하고, 실패하고, 그러나 다시 일어나서 달려갔다는 것이다. 그렇게 달려가다 보니 한국교회의 기둥이 된 것이다. 교사들은 그런 기대와 희망을 가지고 교역자와 소통하려는 자세가 필요하다. 그럴 때, 담당 교역자가 더 큰 목회자가 될 수 있다. 부서도 더 건강하게 자랄 수 있다.

사역을 하면서 생긴 나의 지론은 이렇다. '교역자가 행복해야 교회도 행복하다.' 마찬가지다. '담당 교역자가 행복해야 부서도 행복하다.' 담당 교역자를 행복하게 만들려면 서로 소통이 되어야 한다. 소통이 되어야 교역자가 가고 싶은 방향을 알고, 함께 달려갈 수 있다.

어쩌면 지금 담당 교역자가 조금 부족할 수도 있다.

어쩌면 지금 교회가 하는 일들이 조금 마음에 차지 않을 수도 있다.

그렇다고 현재의 모습만 보고 비난한다면 우리는 소통을 말할 자격이 없다. 개선의 여지를 완전히 말살해 버렸기 때문이다. 그럼에도 마음이 힘들 때가 있다면, 그럴 때 이렇게 한 번 생각해 보는 것은 어떨까?

"나는 그 교역자가 내 아들이라고 생각해!"

"나는 그 전도사님이 내 딸이라고 생각해!"

그런 마음으로 교역자를 본다면 소통이 안 될 수가 있겠는가!

그런 마음으로 교회를 사랑한다면 소통이 안 될 수가 있겠는가!

그런 측은지심이 있으면 소통은 반드시 된다.

교사의 말에는 그런 측은지심이 필요하다.

**핵심 포인트**

## 1. 소통, **서로에 대한 이해**가 있어야 한다.

같은 생각을 품고 같은 사랑을 나타내며 한마음으로 같은 것을 생각함으로 내 기쁨을 충만하게 하십시오. 무엇을 하든지 이기심이나 허영으로 하지 말고 서로 겸손한 마음으로 다른 사람들을 자기보다 낫게 여기십시오.
_빌 2:2-3 / 우리말

　: 소통의 시작은 '만남'이다. 너와 나의 만남이다. 이 만남에서 서로가 서로에게 다가가려고 한다면 무엇보다 서로에 대한 이해가 있어야 한다. 서로를 이해해야 같은 생각을 할 수 있고, 같은 사랑과 같은 마음을 품을 수 있다.

　덧붙여 이해하기 위해서는 일단 겸손해야 한다. 지위, 계급, 나이를 불문하고 내 앞에 있는 이 사람에 대한 존중이 필요하다. 내가 틀릴 수도 있음을 인정해야 한다. 이런 마음이 있을 때, 비로소 소통이 시작된다.

## 2. 소통, **상황과 때**에 맞는 말을 해야 한다.

사람은 그 입의 대답으로 말미암아 기쁨을 얻나니 때에 맞는 말이 얼마나 아름다운고 _잠 15:23 / 개역개정

말하지 않을 때가 있고, 말할 때가 있다. _전 3:7下 / 새번역

　: 말의 핵심은 상황과 때를 아는 것이다. 소통하기 위해서 교사는 먼저 말을 하는 상황을 알아야 한다. 내가 학생과 말을 하는 상황인지, 교사와 혹은 교역자와 말을 하는 상황인지를 분명히 해야 한다. 상황을 알았다면 때를 결정해야 한다. 지금이 침묵해야 할 때인지, 말을 해야 할 때인지를 구별해야 한다. 소통은 말의 양에 있는 것이 아니다. 상황과 때를 맞추는 타이밍에 있다.

## 3. 소통, **측은지심**이 있어야 한다.

내가 진실로 너희에게 말한다. 무엇이든 너희가 여기 있는 내 형제들 중 가장 보잘것없는 사람에게 한 것이 곧 내게 한 것이다. _마 25:40 / 우리말

예수께서 나오사 큰 무리를 보시고 불쌍히 여기사 그중에 있는 병자를 고

쳐 주시니라. _ 마 14:14 / 개역개정

예수께서 배에서 내려서 큰 무리를 보시고, 그들이 마치 목자 없는 양과 같으므로, 그들을 불쌍히 여기셨다. 그래서 그들에게 여러 가지로 가르치기 시작하셨다. _막 6:34 / 새번역

: 측은지심은 우리를 향한 예수님의 마음이셨다. 예수님은 창자가 끊어질 듯한 고통으로 우리를 안타깝게 여기셨다. 그런 긍휼함을 입은 우리는, 역시 그런 마음을 감히 흉내 내기라도 해야 한다. 교사의 말에는 예수님을 닮은 측은지심이 반드시 있어야 한다.

### 4. 소통, **위로**가 있어야 한다.

주님은 그 여자를 보시고 불쌍히 여겨 '울지 말아라'하고 위로하셨다. _눅 7:13 / 현대인

수고하고 무거운 짐 진 자들아 다 내게로 오라 내가 너희를 쉬게 하리라. _마 11:28 / 개역개정

여호와 그가 네 앞에서 가시며 너와 함께하사 너를 떠나지 아니하시며 버리

지 아니하시리니 너는 두려워하지 말라 놀라지 말라. _신 31:8 / 개역개정

: 예수님은 우리를 위로하는 분이시다. 우리가 예수님을 의지할 때 그분은 한없이 위로해 주신다. 교사의 말에는 그런 예수님의 마음이 담겨 있어야 한다. 교사는 옳은 말을 건네 아픔을 주기보다는 따뜻한 말을 건네 위로하는 사람이 되어야 한다. 그럴 때 진정한 소통이 이루어지고, 옳은 방향으로 함께 갈 수 있다.

5.

짧은 글,
긴 생각

말을 하기 전에 반드시 생각할 시간을 가져라. 당신이 하는 말이 말할 가치가 있는지, 무익한 말인지, 누군가를 해칠 염려가 없는지 잘 생각해 보라.

_레프 톨스토이

말이 입힌 상처는 칼이 입힌 상처보다 깊다.

_모로코 속담

이것은 소통은 아니다.
우리는 종종 소통을 이유로 많은 말들을 쏟아 내지만,
많은 말이 소통은 아니다.
말의 양이 소통의 깊이를 좌우하지 않는다.

이것이 소통이다.

적은 말이라도 상대를 진심으로 이해하는 것,

적은 말이라도 상대를 진심으로 배려하는 것,

말에 여백을 두어 상대가 스며들 공간을 주는 것,

교사는 아이에게 이런 말을 할 줄 알아야 한다.

교사는 동역자에게 이런 말을 할 줄 알아야 한다.

그렇다면 당신은 어떤 말을 하겠나?

# 4장

# 핵심은 전도가 아니라 인내다 _인내

## # 아이스브레이킹

◆ 가장 오랫동안 참아 봤던 경험은 무언가요?

◆ 인내, 나만의 '진상 대처법'은 무엇인가요?

다음세대
교육 리부팅 2

교회학교의
미래, 전도가
아니라 인내다

교회학교의 미래는 어디에 있을까? '성장'에 있다.
성장은 어떻게 이루어질 수 있을까? '인내'할 때 이루어진다. 참고 또 참을
때, 사람이든 부서든 비로소 성장할 수 있다. 즉, 인내야말로 교회학
교 미래의 핵심 키(key)다.

　현재 교회학교는 퇴보하고 있다. 일단 숫자적으로 교회학교의 인
원이 점점 줄어들고 있음을 모두가 느낀다. 더불어 신앙의 깊이도
얕아지고 있다. 가정에서는 조부모의 신앙이 부모에게, 부모의 신앙
이 자녀에게 대물림되지 않는다. 역시 교회에서도 선배 교사의 신앙
이 후배 교사에게 대물림되지 않는다. 당연히 교사의 신앙이 아이들
에게 미치는 영향력이 적다. 그런 점에서 교회학교는 성장이 아니라

퇴보하고 있다.

어떻게 하면 교회학교가 성장이 될까?

어떻게 하면 현재의 문제점들을 극복할 수 있을까?

대부분의 교사는 '전도'라고 말한다. 틀린 답은 아니다. 그러나 정답은 아니다. 정답은 '인내'다. 더 정확한 답은 '교사의 인내'다. 아무리 전도해도 정작 교사가 인내함으로 아이들을 감당하지 못한다면 밑 빠진 독에 물을 붓는 격이기 때문이다. 교사가 인내해야 다음세대를 키워낼 수 있고, 다음세대가 자라야 교회학교가 성장한다. 그러니 교회학교의 미래가 교사의 인내에 달려있다고 해도 과언이 아니다.

인내, 개인적으로 교사들에게 가장 강조하는 자질이다. 교사 세미나를 가면, 강조하는 세 가지가 있다. '성장', '소통' 그리고 '인내'다. 이 가운데 가장 어려운 것은 인내다. 성장이나 소통은 단기간에도 효과를 볼 수 있다. 그러나 인내는 장기전이다. 언제가 끝일지 사실은 아무도 모른다.

쉽지 않지만 교사는 인내하는 데 전인격적인 삶을 걸어야 한다. 사랑의 핵심이 인내이기 때문이다. 포기하지 않는 것이 사랑이기 때문이다. 필자가 《다음 없는 다음세대에 다가가기》의 서문에서 강조했던 것도 인내다.

상황이나 환경을 탓하여 포기하는 것은 사랑이 아니다. 고린도전서 13장에는 사랑의 특성이 나온다. 사랑은 '오래 참고'로 시작하여 '견디느니라'로 마친다. 예수님은 한 번도 우리를 포기한 적이 없으시다. 상황과 환경이 어렵겠지만 우리 역시 다음세대를 포기할 수 없다.[15]

인내가 곧 사랑이며, 교사의 영적 기반은 인내에서 시작해야 한다. 프랑스 사상가인 시몬 베유는 "기대감을 안고 인내하며 기다리는 것이 영적 삶의 기반이다"라고 했다. 다음세대를 진정으로 살리고 싶다면 교사는 기다려야 한다. 교사는 사랑은 '오래 참고'에서 시작하여 '견디느니라'로 마친다는 말을 마음 깊이 새겨야만 한다.

인내가 얼마나 중요한지 최근에 한 번 더 깨닫게 된 계기가 있다. 작고한 앨런 크라이더 교수가 지은 《초기 교회와 인내의 발효》라는 책을 만나게 된 것이다. 이 책의 부제는 '로마 제국 안에 뿌리내린 초기 기독교의 성장 비밀'이다.

잘 아는 것처럼 초기 교회는 주후 첫 400년 동안 엄청난 억압과 박해에도 불구하고 성장했다. 무엇이 그들을 성장하게 했을까? 무엇이 기독교를 제국의 국교가 될 만큼 성장하게 만들었을까?

지금까지의 일반적인 대답은 '전도'였다. 과히 틀린 말은 아니다. 주님의 지상명령(행 1:8)에 따라 많은 그리스도인이 땅끝까지 목숨을 걸고 전도했다. 더불어 사후에 대한 가르침, 평등과 같은 덕목을 내세우는 학자들도 있다. 다만 크라이더는 전혀 뜻밖에 이야기를 한다.

"초기 교회는 전도에 관심이 없었다."

그의 설명을 들어보자.

콘스탄티누스 이전에 교회의 확장을 이해하려면 지속적인 노력이 필요하다. 그 성장은 이상했다. 우리가 활용할 수 있는 증거에 따르면, 교회들의 확장은 조직화된 선교 프로그램의 결과가 아니었다. 그것은 단지 일어났을 뿐이다. 더 나아가 그 성장은 신중하게 계획된 것도 아니었다. … 초기 기독교 설교자들은 그들의 회원들에게 "모든 민족을 제자로 삼도록" 권고하기 위해 마태복음 28:19-20에 실려 있는 '지상 명령'에 호소하지 않는다.[16]

초대교회 성장의 핵심은 전도가 아니다. 크라이더는 왜 기독교가 성장과 부흥을 했는가에 대해 4가지의 요소를 제시한다. 그 가운데 가장 첫 번째가 '인내'다. 대부분의 그리스-로마인들에게 인내는 소중한 덕목이 아니었다. 그러나 초기 그리스도인들에게는 인내가 매우 중요했다. 기독교 작가들은 인내를 '가장 높은', '모든 덕목 가운데서 가장 큰', '특별히 기독교적인' 덕목이라고 부를 정도였다.[17]

초대교회에서는 전도보다는 전인격적인 변화에 더 관심이 있었고, 그 변화에는 많은 시간이 필요했다. 그들은 서두르지 않았다. 이러한 인내가 발효(ferment)되어 초대교회가 성장·부흥하게 된 것이다. 교사 역시 이 점에 주목해야 한다.

전인격적인 교육에는 많은 시간이 필요하다. 그 시간을 인내해야만 한다. 그러나 현재 한국교회와 교회학교는 중병에 걸렸다. '조급증'이라는 병이다. 신기하게도 새로운 교회에 부임을 해도 요청사항은 거의 똑같다. '빠른 부흥'. 지금까지의 사역 중, 딱 2교회만 '건강한 부흥'을 요청했다. 시간이 걸리더라도 천천히 아이들을 양육해 달라고 했다. 나머지 교회들은 흡사 중국집에서 요리를 주문받는 기분이었다. "빨리 빨리 만들어 주세요!"

인내는 서두르지 않는 것인데, 우리는 이 '느림'을 참지 못한다. 어떻게 하면 빨리 교회학교가 부흥할지에 더 관심이 있다. 어떻게 하면 빨리 성장하고, 빨리 교육하고, 빨리 승리할까만 생각한다. 씨앗을 심고, 곧바로 열매가 맺히기를 바라고 기도한다. 그래서 그런지 역설적으로 빨리 무너지고 있기도 하다.

교회학교 성장의 키(key)는 교사의 인내에 있다. 하나님의 일하심 방식은 인내이다. 하나님은 죄인을 사랑하시되 끝까지 사랑하셨고, 끝까지 참고 기다려 주셨다. 오늘 다음세대를 키우는 교사 역시 하나님의 일하심 방식을 따라야 하지 않겠는가. 그런 점에서 교사가 선택해야 할 첫 번째 덕목은, 즉 가장 애쓰고 힘써야 할 덕목은 전도가 아니라 인내다.

교회학교의 성장은 전도보다는 인내에 있다. 전도보다 더 중요하고 시급한 것은 먼저 교사가 인내하는 것이다. 아무리 전도해도 교사가 인내하지 못하면 교회학교는 구멍난 그물과 같다.

인내가 곧 교회학교의 미래다.

나로부터
시작되리

인내의 중요성을 모르는 사람은 없다. 언급했다시피 교사 교육이나 세미나 때, 개인적으로 가장 강조하는 부분이 인내다. 다만 모든 일에는 시작이 중요하듯이 인내도 마찬가지다. 교사에게 인내의 출발점은 바로 자기 자신이다. 인내는 타인이 아니라 나 자신으로부터 출발한다. 학생이 아니라 교사 자신이 출발점이다.

모든 일에는 출발점이 중요하다. 거리를 측정할 때도 출발점을 기준으로 측정을 한다. 출발점이 명확해야 마지막을 정할 수 있다. 인내도 마찬가지다. 인내에도 출발점이 존재한다. 그저 아무렇게나 '인내 좀 해 봐야지'라는 마음가짐으로는 안 된다.

인내에도 선(先)방향이 있다. 교사들에게 '인내'를 말하면 대부분의 교사들은 '학생에 대한 인내'만 생각한다. '학생이 자라도록 기다려 주는 인내' 혹은 '학생의 버릇없음을 참는 인내'를 생각한다. 그것도 분명한 인내이다. 다만 이것은 후(後)방향 인내이다.

먼저는 교사가 자기 자신을 기다려줘야 한다. 이찬수 목사는 인내에도 방향이 있음을 말했다.

교육의 핵심은 기다려 주는 것입니다. 기다림에는 두 가지 차원이 있습니다. 하나는 교사 자신을 기다려 주어야 합니다. 아이들이 철이 없으니깐 기다려 줘야 한다는 그 정도가 아니라 교사인 나 자신도 기다려 줘야 합니다.[18]

이찬수 목사는 교사에게 먼저 자신을 기다려 주라고 말한다. 자신에 대한 인내가 있는 교사가 아이들에 대한 인내도 있기 때문이다. 《교사 베이직》을 저술한 이정현 목사도 먼저 교사 자신에 대한 인내를 말한다.

초창기 내 모습을 보면 엉망이었습니다. 아이들이 말을 듣지 않으면 버럭 화를 냈고, 격한 표현을 써 가면서 아이들을 막 대했던 기억이 있습니다. 하지만 내가 화를 내도 아이들은 달라지지 않았습니다. 오히려 화를 안 내는 사람으로 바뀔 때, 비로소 아이들이 달라졌습니다. 나의 욱하는 기질과 성격을 버리고 화를 참는 데까지 최소 10년 이상 걸린 듯합니다. 교사가 참교사가 되기까지 긴 시간이 필요합니다. 교사는 자기 자신에 대한 기다림이 필요합니다.[19]

이정현 목사도 기다림에는 순서가 있다고 말한다. 자신을 기다려 주는 것이 먼저다. 왜 교사는 인내하며 자신을 기다려 줘야 할까? 무엇보다 자신을 알기 위해서이다. 자신을 알기 위해서는 일단 기다려 주면 된다. 인디언 잠언 중에 유명한 이야기가 있다.

인디언들은 말을 타고 달리다 이따금 말에서 내려
자신이 달려온 쪽을 한참 동안 바라보았다고 한다.
말을 쉬게 하려는 것도,
자신이 쉬려는 것도 아니었다.
행여 자신의 영혼이 따라오지 못할까 봐
걸음이 느린 영혼을 기다려 주는 배려였다.
그리고 영혼이 곁에 왔다 싶으면
그제서야 다시 달리기를 시작했다.
인디언들은 그렇게 자신의 영혼이 오는 시간을 기다렸다. 기다림의 시간 동안 다시 한번 자신을 돌아보기 위한 것이다.

인내하며 기다리면 자연스레 알게 된다. 교사로서 자신의 강점이 무엇이고 약점은 무엇인지. 교사로서 자신이 어떤 부분을 더 채워야 하고 키워야 하는지. 그래서 톨스토이는 《살아갈 날들을 위한 공부》에서 말한다.

우리는 많은 것을 알고 있고 매 순간 많은 일을 하고 있지만 가장 중요한 것은 빠뜨렸다. 우리는 쓸모없는 것은 너무도 많이 알고 있지만 정작 가장 중요한 우리 자신은 알지 못한다. 우리 안에 사는 영혼을 기억할 수만 있다면 우리의 삶은 완전히 달라질 것이다.[20]

톨스토이는 '가장 중요한 것은 나 자신을 아는 것'이라고 말한다. 나 자신만 제대로 알아도 우리의 삶이 달라질 것이라고 말한다. 톨스토이의 말처럼 교사에게 중요한 것은 자신을 아는 것이다. 그러기 위해서는 인내하면서 자신을 기다릴 줄 알아야 한다.

교사는 자기를 알 때까지 인내해야 한다. 나를 참지 못하면서 학생을 참겠다는 것, 나를 이해하지 못하면서 다른 교사들을 이해하겠다고 하는 것은 모순이다. 어불성설이다. 참고 기다리면서 자신에 대해서 알 때 그때야 비로소 학생에게도, 다른 교사에게도 인내할 수 있다.

결국 교사에게 가장 중요한 자세는 인내다.

그리고 그 인내는 반드시 나로부터 시작이 되어야 한다.

시작이 확실해야 마지막까지 인내할 수 있다.

교사의 인내 여부에 교회학교의 성장이 결정된다.

모든 교회는 다음세대가 다시 차고 넘치는 핑크빛 미래를 꿈꾼다. 꿈은 모두에게 공평하지만 결과는 공평하지 않다. 꿈이 현실이 되기 위해서는 조건이 맞아야 하기 때문이다. 핑크빛 미래의 조건은 인내다. 내일을 위하여 오늘은 인내하는 교회와 교사만 그 핑크빛을 볼 수 있다. '비록 오늘은 쓰지만, 그럼에도 내일은 달다'는 것을 믿으며 인내하는 교회와 교사에게 미래가 주어진다.

인내하는 교회와 교사에게 미래가 있는 이유는 명확하다. 인내가 일수백확(一樹百穫)의 '조건'이기 때문이다. 일수백확은 '나무 한 그루를 심어서 백 가지의 이익을 본다'는 뜻이다. 이것을 사람에 비유하면 유능한 다음세대 한 명을 길러내면 백 가지의 이익이 생긴다는 뜻이다. 교회와 교사가 인내할 때, 다음세대라는 백 가지 결실이 생긴다.

우리가 자주 쓰는 말 중에 이런 말이 있다. '인내는 쓰지만 열매는 달다.' 특히 육아를 감당하는 많은 부모가 주문처럼 외우는 말이다. 육아를 담당하는 내 친구 역시 이 말을 입에 달고 산다. 매번 인내의 한계를 경험하지만 그럼에도 오늘을 참을 수 있는 이유는 일단은 존재 자체가 사랑스럽기 때문이다. 더불어 이 아이의 미래가 기대되기 때문이다. 교사도 마찬가지다. 지금 우리가 인내할 수 있는 이유는 존재에 대한 사랑도 있지만, 다음세대라는 열매를 기대하기 때문이다.

성경에는 일수백확을 경험한 이들이 많다.
인내의 결과물들이 그 시대의 역사를 이끌어 갔다.

예를 들어, 엘리를 보자. 비록 그의 마지막은 아름답지 못했으나 어쨌든 그는 초기에 어린 사무엘에게 인내를 보인다. 특히 엘리는 사무엘에게 '하나님의 음성을 듣는 법'에 있어서 차분한 인내를 보인다. 사무엘상에 보면 하나님은 어린 사무엘을 부르신다. 이때 사무엘은 이 음성이 하나님의 음성임을 알지 못했다. 계속 엘리에게 달려갔다. 그때 엘리는 계속해서 자신을 찾아온 사무엘에게 화를 내지 않았다. 오히려 이 음성이 하나님의 음성임을 알려준다. 이 내용에 대하여 《가톨릭교리서》 2578항은 말한다.

사제 엘리에게서는 어떻게 하느님의 말씀을 들어야 하는지를 배웠던 것이다. "주님, 말씀하십시오. 당신 종이 듣고 있습니다"(1사무 3,9-10). 사무엘도 기도의 가치와 그 중요성을 나중에 깨닫게 된다. "나 또한 여러분을 위하여 기도하기를 그치거나 하여 주님께 죄를 짓지는 않을 것이오. 그리고 나는 여러분에게 좋고 바른길을 가르쳐 주겠소"(1사무 12,23).[21]

사무엘은 엘리의 인내를 통해 '어떻게 하나님의 음성을 듣는가'를 배웠다. 덕분에 그는 하나님의 음성을 구별할 줄 알게 되었다. 하나님의 음성을 듣는 올바른 선지자, 그로 인해 이스라엘은 백 가지도 넘는 열매를 맛보았다. 백 가지가 뭔가. 천 가지도 넘는 듯하다.

또 다른 열매인 바울을 보자. 바울은 디모데에게 인내를 보였다. 디모데는 사도행전 16장에 처음 등장한다. 그때 그는 단순한 제자였다. 그러나 바울은 그의 삶을 함께 인내한다. 제자가 아니라 아들로서 받아들인다. 역사는 디모데란 인물은 이렇게 기록한다.

디모데는 에베소 감독으로 지내다 도미티아누스 황제 박해 때 64세의 나이로 순교한 것으로 전해진다(90년경, Eusebius, Nicephorus). 비록 신체적으로 허약하고 성격도 다소 소심했던 것으로 보이는 디모데지만 그는 젊은 시절부터 아덴, 데살로니가, 고린도, 에베소 등지에서 바울의 지시로 별도 사역과 목회를 할 정도로 바울의 신임을 받는 신실하고 실력 있는 지도자였으며, 그래서 혹자는 그를 바울의 후계자로까지 평하고 있다.[22]

바울은 죽을 고비를 몇 번이나 넘긴 대범한 인물이다. 반면에 디모데는 허약하고 다소 소심한 인물이다. 둘은 상성이 안 맞다. 허약하고 소심한 사람과 함께 있어 봤는가? 정말이지 많은 인내가 필요하다. 바울은 인내했다. 결국 디모데는 바울의 고난에도 함께 참여하고 복음의 수호자로 열매 맺는다(빌 2:22). 바울의 씨앗 뿌림 덕분에 초대교회는 백 가지도 넘는 열매를 맛보았다.

모든 결실은 인내를 먹고 자란다. 인내는 숙성의 시간이고, 일수백확을 위해서는 반드시 기다림의 시간이 필요하다. 박종순 목사는 《열혈독서》에서 말한다.

만남도 사람의 인연에서 하나님의 섭리로 인도함을 받는 '숙성의 시간'이 필요합니다. 하나님이 개입하셔서 일하시고 역사하실 시간이 필요합니다. 그래서 기다리며 인내하는 만남은 반드시 귀한 열매를 가져다줍니다.[23]

박종순 목사는 기다리고 인내하면 반드시 귀한 열매를 가져다준다고 한다. 교회나 교사가 참고 기다리면 반드시 귀한 열매가 맺힌다. 교사는 하나님께서 개입하시고 역사하는 시간을 볼 줄 알아야 한다. 이것이 인내다.

갈수록 인내가 힘들어지는 시대다. 뭐든 빨리빨리 결과를 보고 싶어 하는 시대다. 그런 시대일수록 교회와 교사는 더욱 인내할 줄 알아야 한다.

엘리처럼 인내하라. 사무엘을 키울 수 있다.
바울처럼 인내하라. 디모데를 키울 수 있다.
그런 결실이 결국 한국교회를 변화시킬 수 있다.
오늘은 입에 쓸 수도 있다. 그러나 내일은 반드시 달다.
인내의 열매란 그런 것이다. 교사는 그런 열매를 맛보아야 한다.

핵심 포인트

## 1. 사랑의 핵심은 **인내**다.

세상에 있는 자기 사람들을 사랑하시되 끝까지 사랑하시니라. _요 13:1下
/ 개역개정

사랑은 오래 참고 … 모든 것을 참으며 모든 것을 믿으며 모든 것을 바라며
모든 것을 견디느니라. _고전 13:4, 7 / 개역개정

   : 우리가 받은 구원은 하나님이 보여주신 사랑의 결과다. 구원은
끝까지 우리를 참으시는 하나님의 인내로 이루어진 것이다. 구원의
핵심이 사랑이고, 사랑의 핵심이 인내라는 것을 기억해야 한다. 하
나님은 우리를 사랑하시되 끝까지 사랑하셨다. 포기한 적이 없으시
다. 교사가 마음에 품어야 할 사랑은 그런 인내의 사랑이다.

## 2. 교사는 인내하는 **직분**이다.

어떤 이들은 주님께서 약속하신 것을 미루신다고 생각하고 있지만 사실

은 여러분을 위해서 참고 기다리시는 것입니다. 아무도 멸망하지 않고 모두 회개하게 되기를 바라시기 때문입니다. _벧후 3:9 / 공동번역

: 직분에는 자세가 필요하다. 교사가 갖추어야 할 자세는 많다. 그러나 그 가운데서 인내하는 자세가 중요하다. 하나님께서는 여전히 우리를 참고 기다리고 계신다. 교사는 그런 하나님의 뜻을 이어받아 아이들에게 참고 인내해야 한다. 교사는 아이들이 그리스도인으로 잘 자도록 참고 인내하는 직책이다.

## 3. 인내에는 **순서**가 있다.

① 선(先), 나 자신에 대한 인내다.
② 후(後), 학생에 대한 인내다.

: 모든 일에는 순서가 있다. 역시 인내에도 순서가 있다. 출발점이 있다. 교사 자신에 대한 인내가 먼저다. 교사는 먼저 자신을 참고 기다려야 한다. 나를 참지 못하면서 학생을 참겠다는 것, 나를 이해하지 못하면서 다른 교사들을 이해하겠다고 하는 것은 모순이고 어불성설이다. 참고 기다리면서 자신에 대해서 알 때, 그때야 비로소 학생에게도 다른 교사에게도 인내할 수 있다.

### 4. 인내는 반드시 **결실**을 맺는다.

너희가 인내함으로 너희 영혼을 얻을 것이다. _눅 21:19 / 우리말

너희는 내 이름 때문에 모든 사람에게서 미움을 받을 것이다. 그러나 끝까지 견디는 사람은 구원을 얻을 것이다. _마 10:22 / 새번역

다만 이뿐 아니라 우리가 환난 중에도 즐거워하나니 이는 환난은 인내를, 인내는 연단을, 연단은 소망을 이루는 줄 앎이로다. _롬 5:3-4 / 개역개정

    : 성경을 보면 인내에 대한 결실을 말하는 부분이 수도 없이 많다. 인내로 구원을 받고, 인내로 영혼의 결실을 얻으며, 인내로 사람도 얻고, 인내로 소망도 이룬다. 그러니 교사는 인내해야 한다. 참고 또 참아야 한다. 인내하면 반드시 결실을 볼 수 있다.

5.

짧은 글,
긴 생각

오직 드릴 것은 사랑뿐이리
_마야 안젤루

꽃은 피어도 소리가 없고
새는 울어도 눈물이 없고
사랑은 불타도 연기가 없더라

장미가 좋아서 꺾었더니
가시가 있고
친구가 좋아서 사귀었더니
이별이 있고
세상이 좋아서 태어났더니
죽음이 있더라

나 시인이라면
그대에게 한 편의 시를 드리겠고
나 목동이라면
그대에게 한 잔의 우유를 드리겠으나
나 가진 것 없는 가난한 자이기에
오직 드릴 것은 사랑뿐이리


교사는 학생에게 무엇을 줄 수 있을까?

시간도 열정도, 물질도 헌신도 줄 수 있다.
그럼에도 학생에게 줄 수 있는 최고의 선물은 사랑이다.
그 사랑에는 인내의 향기가 짙게 풍겨야만 한다.
사랑은 인내로 시작해서 인내로 마치기 때문이다.
너와 함께 이 길을 걸으며 너와 함께 보폭을 맞추겠다는
끝까지 너와 함께하겠다는 그런 인내의 사랑을 주어야 한다.

# 5장

# 세상에선 자기 홍보,
# 교회에선 자기 부인 _자세

**다음세대
교육 리부팅 2**

# 기도의 무게가
# 곧 생명의 무게다

이 시대 교사들에게 가장 필요한 영성의 자세는 무엇일까?

무엇보다 '기도'다. 사역의 현장 속에서, 교사들은 저마다 바쁨을 핑계 삼으며 기도하지 못하고 있었다. 하루에 30분 넘게 기도를 한다는 교사를 찾기가 힘들었다. 그러나 확실한 것은 당신의 기도, 그 기도가 당신을 살리고 학생도 살린다. 교사가 기도하지 못하면 자신은 물론이거니와 학생도 살지 못한다. 교사는 반드시 기도의 자세를 지켜 자신과 학생을 위한 기도의 무게를 쌓아야 한다.

이집트 신화에서 무게는 곧 생명이다. 이집트의 사자의 서(Book of the Dead)[24]에 보면 '심장 무게 달기 의식'이란 것이 있다. 이 의식은 한 영혼이 사후세계로 가기 위하여 받는 최후의 재판이다. 이때 심장의 무게는 깃털로 잰다. 심장이 깃털보다 무거우면 이승에서 죄를 많이 지었다고 하여 괴물 암무트가 심장을 먹어 버린다. 이집트인들은 심장을 잃으면 영혼이 사후세계로 가지 못하고 이승을 계속 떠돈다고 믿었다. 가장 잔인한 형벌이다. 반면에 심장과 이 깃털의 무게가 일치하면 죽은 자의 영혼은 부활한다고 믿었다.

이미지 : 사자의 서 [25]

이 그림을 볼 때마다 드는 생각이 있다. 의식과는 반대로 무게가 무거워야 살 수 있다고 가정해보자. 마지막 순간, 당신은 저울 위에 당신의 기도를 올려야 한다.

그 기도의 무게로 당신이 살 수 있을까?

그 기도의 무게로 학생이 살 수 있을까?

특별히 우리 선조들은 누구보다 기도의 무게를 알고 있었다. 기독교를 떠나 이른 새벽 정화수(井華水)를 떠 놓고 평안을 기도하던 어머니들의 치성(致誠)을 우리는 기억한다. 어릴 적, 나는 할머니가 왜 흰옷을 입고 그릇을 향하여 몸을 굽히며 손을 비비는지 알지 못했다. 그러나 시간이 지나고 보니 자녀들을 위한 기도의 무게를 쌓는 중이었다. 그래서 그 누구보다 간절했던 것이다.

기독교에는 새벽기도가 있다. 이 단어는 한국의 기도 문화에서 생긴 특별한 단어이다. 《교회용어사전》에 보면 새벽기도를 이렇게 설명한다. '동틀녘 곧 하루의 일과가 시작되기 전의 시간에 하나님을 찾고 하나님과의 영적인 교제를 통해 힘을 얻고 그날의 삶을 맡기는 기도.'[26] 하루의 첫 시간에 하나님을 찾는 것, 기도로 하루의 삶을 시작하는 것이 한국교회의 전통이다.

기도의 무게, 신앙의 선배들은 쌓았으나 우리는 잃어 간다. 이제 우리는 눈 뜨면 핸드폰부터 찾는다. 밤새 어떤 일이 있었는지, 누군가 자신을 찾지는 않는지 SNS나 카톡부터 확인한다. 우리 할머니들의 머리맡에는 항상 성경이 있었다. 아침에 눈을 뜨자마자 성경 몇 구절 읽고 기도하기를 반복했다. 그러나 지금은 그 자리를 핸드폰이 대신한 지 오래다. 핸드폰 사용 시간은 점점 늘어가나 우리의 기도 시간은 점점 줄어든다. 기도의 무게가 가벼워지는 것이다.

기도의 무게, 기독교는 잃어 가지만 무슬림은 쌓아 가고 있다. 무슬림은 기도의 무게를 아는 대단한 사람들이다. 어디에 있든 하루에 5번 기도한다. 유튜브 '갈 때까지 간 남자~'에 최근에 '태양광 설치 일당 25만원 받는 외국인'[27]편을 방영했다. 여기에서 눈에 띈 점은 바로 무슬림 노동자들이 한 행동이다. 일을 하던 중 갑자기 한 무슬림 노동자가 자리를 뜬다. 그는 장소에 상관이 없다며 생수로 발, 다리, 손을 씻고 기도를 시작했다. 이 모습을 지켜본 한국인 사장은 말했다. "저는 무교인데 예배드리는 모습을 보고 있으면 저도 덩달아 경건해지고 그러네요." 무슬림들은 어떤 상황에서도 기도의 무게를 쌓아 가는 중이다.

이런 건 어떤가? 얼마 전 삼성과 LG에서는 이런 무슬림들을 위한 가전제품도 내놓았다. <조선일보>는 이 가전제품을 이렇게 설명한다.

삼성과 LG는 시장 특화형 제품을 속속 내놓고 있다. 삼성의 가전 관리 앱 스마트싱스의 '기도 모드'가 대표적이다. 하루 5번 기도를 하는 이슬람 문화를 고려해 개발된 맞춤형 서비스다. 정해진 기도 시간이 되면 사용자의 워치에 알람이 오고, 기도에 집중할 환경이 조성된다. 스마트 블라인드가 작동되고 조명의 조도가 낮아지며 TV 전원은 꺼진다.[28]

기업이 무슬림들의 성향을 가전제품에 반영한 것이다. 그들이 더 깊게 기도할 수 있도록 기업은 아예 가전제품을 기도의 조력자로 만들어 버렸다. 반면 기도하는 종교인 기독교, 기도하는 전통을 가진 그리스도인, 과연 우리의 모습은 어떤가.

슬프지 않은가.

왜 우리의 가전제품에는 기도 모드가 없는 것일까?

왜 버튼 하나만 누르면 조도가 낮아지고, TV 소리가 꺼지는 모드가 없는 것일까?

이유는 하나다. 우리가 기도하지 않기 때문이다. 우리의 기도가 기업의 매출에 흥미를 주지 못하기 때문이다.

교사는 더욱더 기도해야 한다. 교사가 기도해야 아이에게도 미래가 있다. 그런 점에서 지금 우리에게는 가나안농군학교의 설립자인 김용기 장로와 같은 기도의 자세가 필요하다. 김용기 장로는 평생 나라와 민족을 위해서 기도했다. 매일 새벽 4시부터 6시, 오후 4시부터 6시, 네 시간씩 나라와 민족을 위해서 기도했다. 그가 매일 기도했다는 '구국기도실' 좌우 기둥에는 이런 글자가 새겨져 있다.

'조국이여 안심하라, 온 겨레여 안심하라.'

왜 조국과 겨레가 안심할 수 있을까? 김용기 장로가 기도하기 때문이다. 눈이 오나 비가 오나 하루도 거르지 않고 조국을 위해서 기도하기 때문이다. 그런 기도의 담보가 있기에 조국의 안전을 확신할 수 있었다. 오직 기도하는 자만이 자신 있게 "안심하라"는 말을 할 수 있다.

실제 사역의 현장에서 보면 끝이 아름다운 교사는 항상 기도하는 교사였다. 항상 반이 부흥했던 한 교사가 있다. 그 선생님은 수첩에 아이들의 기도제목을 적어 다녔다. 새벽기도에 와서도 그 수첩을 열고 한 명 한 명의 이름을 부르며 기도했다. 그리고 저녁에도 자기 전에 똑같이 기도했다. 그 선생님은 주일에 아이들에게 항상 말한다. "너희들은 걱정하지 않아도 돼! 선생님이 기도하고 있어!"

교사라고 한다면 학생들에게 자신 있게 말할 수 있어야 한다.

"너희들은 안심해도 돼! 선생님이 너를 위해서 기도하고 있어!"

교사의 영성은 기도에서 나온다.
그 영성의 물이 아이에게도 흘러간다.
교사가 기도할 때 학생이 산다.
교사의 기도 무게가 곧 학생의 생명 무게다.

당신이 결정
하지 않는 자세,
그것이 겸손이다

교사에게 겸손이란 무엇일까?

경희대 이동규 교수의 대답을 들어보자. "겸손은 머리의 각도가 아니라 마음의 각도다." 그러니까 단지 교사가 머리를 깊게 숙인다고 해서 그것이 겸손은 아니다. 마음을 숙이는 자세가 겸손이다. 자신의 생각과 고집을 내려놓고 하나님 앞에서 자신을 굽히는 것, 그렇게 최종 결정을 하나님께 드리는 것, 그것이 교사에게 필요한 겸손의 자세다.

마음이 굽지 않았던 한 분이 기억난다. 최근 세미나 때, 모 강사님을 초청했다. 유명한 분이었기에 기대감이 있었다. 기대만큼 강의도 잘하셨고, 언변도 뛰어났다. 다만 개인적으로는 그 강의를 듣고 마음이 좀 불편했다. 요즘 식으로 표현하면 이렇다. '하나님이 하셨다고 쓰고 내 능력이라고 읽는다.' 머리는 숙였지만 마음은 숙이지 않았다. 이야기의 모든 끝이 '나'를 향하고 있었다.

물론 요즘은 '자기 홍보의 시대'다. 과거가 겸손이 미덕인 시대였다면 지금은 자기를 알려야만 살 수 있는 시대다. 그냥 가만히 앉아서는 두각을 나타낼 수 없다. 김유영 작가가 이런 말을 한 적이 있다. "언젠가는 나를 알아줄 것으로 기대하고 기다리다 보면 기회를 놓칠 수도 있다. 요즘 오디션 프로그램의 참가자들이 각자가 가진 매력을 치열하게 홍보하듯이 이제는 기본 실력도 중요하지만 자기홍보 전략이 있어야 기회를 얻을 수 있다."[29] 자기 홍보가 곧 자기 성장으로 직결된다는 의미다.

무조건 자기를 낮추는 것이 미덕은 아니다. 머리를 들어 매력을 보여줄 수 있어야 한다. 동시에 교사는 마음의 각도를 굽힐 줄도 알아야 한다. 두 각도 모두가 필요하다. 그렇다면 이렇게 역할 분담을 해 보면 어떨까.

세상에서는 자기 홍보!
교회에서는 자기 부인!

자기 부인은 마음의 각도를 굽히는 가장 효과적인 방법이다. 최고의 겸손이라고 할 수 있다. 《교회용어사전》에서는 '자기 부인'을 이렇게 설명한다. '자기 자신을 이미 죽은 사람처럼 취급하고 행동하는 것, 그리스도를 좇는 사람들이 취해야 하는 경건한 삶의 태도이다.'[30] 그래서 예수님은 자기를 따라오려는 사람의 첫 번째 조건을 '자기 부인'(막 8:34)에 두신다.

교회학교 부흥의 열쇠가 여기에 있다. 교회학교가 부흥하려면 자기 홍보를 하는 교사가 아니라 자기 부인을 하는 교사가 많아야 한다. 교회는 세상과 다르기 때문이다. 특별히 자기 부인과 관련하여 '결정권'에 관한 겸손을 부탁하고 싶다. 교사는 두 가지의 영역에서 자신이 최종 결정권자가 아님을 기억할 필요가 있다.

첫째, 당신은 교회학교 내에서 최종 결정권자가 아니다.

'N년차'라는 타이틀은 교사의 계급장이 아니다. 그럼에도 사역의 현장에서 보니 교사를 오래 할수록 목소리도 크다. 연차와 목소리가 비례한다. 목소리가 크니 당연히 부서의 여러 가지 결정 사항들이 그 목소리를 따라간다. 만약 그 목소리를 무시한다면? 그때부터 평화 끝, 갈등 시작이다.

안타깝게도 나는 식물을 잘 죽인다. 그런 나를 위해 이번에 어머니가 한 화분을 선물로 주셨다. 잘 죽지 않는 식물인 '파키라'였다. 1년 정도를 무럭무럭 자랐다. 최근 나의 잘못으로 영양분 공급에 차질이 생겼을 때, 놀라운 점을 발견했다. 영양분이 부족하자 파키라는 아래쪽 잎을 떨구었다. 오래된 아래 잎을 죽이고 대신 새로 생겨난 잎을 살렸다. 식물도 누구를 살리는 것이 미래를 위하는 것인지를 잘 알고 있다. 그러나 사역의 현장에서는 큰 목소리로 인해 작은 목소리가 죽는다. 오래된 교사들의 등살에 신입 교사들이 금방 그만두기도 한다. 뭐든 자기가 결정해야 직성이 풀리는 교사들로 인해서 몸살을 앓는 부서가 생각보다, 정말 생각보다 많다.

꼭 당부하고 싶다. 교사는 최종 결정권자가 아니다. 개인의 목소리로 최종 결정에 힘을 실으면 안 된다. 오히려 개인보다는 교역자와 임원에게, 교회에게 결정권을 넘기는 것이 좋다. 더 크게는 하나님께 결정권을 드리는 것이 성경적이다. 사역을 오래 했다는 뜻은 그만큼 새로운 교사들을 밑에서 받쳐 주겠다는 뜻이다. 결정의 목소리를 높이는 것이 아니라 도움의 목소리로 낮아지겠다는 뜻이다. 그것이 교사의 자기 부인이다.

둘째, 교사는 아이의 미래에서 최종 결정권자가 아니다.

아이를 양육할 때는 거시적 시야가 필요하다. 그러나 사람은 거시적으로 볼 수 없는 한계가 있다. 이것을 절대불변의 진리로 인정한 사람이 바울이다. 바울이 말하는 양육의 핵심은 '최종 결정은 하나님이 하신다'는 것이다. 바울은 "자라게 하시는 분은 하나님이시다"(고전 3:7)라고 고백하며 자신은 그저 물을 주는 과정만 담당하고 있음을 분명하게 밝힌다.

모 교회에서 만난 어떤 교사는 결정권자다. 매년 고등학교 3학년만 담당하며 자신을 '고3 전문가'라고 했다. 이 교사는 학생들의 입학이나 학과를 조언하는 정도를 넘어서 결정에 지대한 영향을 끼치려고 했다. '자기의 말을 들어야 좋은 대학에 갈 수 있다'고 했다. 옳은 행동은 아니다. 우리는 그저 물을 주는 직분을 가진 사람에 불과하다. 자라게 하시는 이는 하나님이시다. 학생이 자라서 예쁜 꽃이 되었을 때, 우리가 할 수 있는 말은 하나밖에 없다. "하나님께서 하셨습니다." 여기에 우리의 결정이란 없다.

교사에게 겸손이라는 것은 자신의 생각과 고집을 내려놓는 것이다.
내려놓아야 마음의 각도를 굽힐 수 있다.

그렇게 마음이 굽은, 겸손한 교사가 많아질 때 부서가 성장하게 된다. 기억하라. 우리는 모두 중간자이다.

모든 결정은 하나님께서 하신다.

몸도 함께
따라가야 진정한
감사다

교사에게는 기도의 자세가 중요하다.

교사에게는 겸손의 자세가 중요하다.

그러나 기도도 겸손도 감사 위에서 이루어지지 않으면 소용없다.

교사에게는 감사의 자세가 제일 중요하다. 감사 없는 기도는 공허한 메아리 같고, 감사 없는 겸손은 맥 빠진 걸음걸이 같기 때문이다. 교사의 모든 자세에는 감사가 기반이고, 이 감사는 반드시 행동으로도 표현되어야 한다.

감사는 표현할 때 완성된다. 누가복음 17장에는 예수님께 고침받은 열 명의 나병환자가 나온다. 예수님은 절박한 이들을 고쳐주셨다. 절박함이 깨끗함으로 바뀌었을 때, 딱 한 명만 예수님께 되돌아왔다.

그런데 그들 가운데 한 사람은 자기의 병이 나은 것을 보고, 큰 소리로 하나님께 영광을 돌리면서 되돌아와서, 예수의 발 앞에 엎드려 감사를 드렸다. 그런데 그는 사마리아 사람이었다. 그래서 예수께서 말씀하셨다. "열 사람이 깨끗해지지 않았느냐? 그런데 아홉 사람은 어디에 있느냐?" _눅 17:15-17 / 새번역

오직 한 사람만 예수님께 돌아와 감사를 표현했다. 이찬수 목사는 이 부분을 이렇게 해석한다.

성경에서 예수님은 나머지 아홉은 어디 있느냐고 말씀하신다. 마음으로 감사를 했는지 여부는 중요하지 않고, 감사는 표현까지 이루어져야 완성되는 것이란 뜻이다. 우리 대부분이 놓치는 부분이 이 부분이다. 부부간에, 부모님에게, 자녀에게, 선생님에게, 친구에게, 고마운 분에게 우리는 마음으로만이 아니라 실제 입술로 표현하는 것까지 가야 온전한 감사가 된다는 것이다.[31]

이찬수 목사는 감사가 마음으로만 그치면 안 된다고 한다. 마음이 표현까지 이어지는 것, 그것이 온전한 감사라고 말한다.

확실히 감사는 표현해야 맛이다. 미국의 언론인이자 칼럼니스트인 윌리엄 아서 워드가 말했다. "감사를 느끼지만 표현하지 않은 것

은 선물을 포장해 놓고 주지 않는 것과 같다." 다만 개인적으로 교사의 감사는 여기에서 한 단계 더 나아갔으면 한다.

특별히 교사들은 감사가 표현을 넘어 행동으로까지 이어졌으면 한다.
감사가 기억에 남을 어떤 작은 행동으로, 우리 아이들에게 본이 되었으면 한다.

몇 년 전 함께 선교 사역을 했던 청년들에게 너무 고마움을 느꼈다. 개인적으로 감사의 표현을 하고 싶어서 청년들에게 물었다. "목사님이 너무 고마워서 그런데 어떻게 하면 너희들이 나의 고마움을 알아줄까? 근사한 밥을 사 줄까? 아니면 선물을 하나씩 해 줄까?" 한 청년이 말했다. "음, 그럼 저희들 모두에게 마음을 담아 편지를 써 주세요." 다른 청년들도 그거 정말 좋은 생각이라며 맞장구를 쳤다.

21세기에 수기로 쓴 편지라니. 당황스러웠지만 한 달의 시간 동안 20명 정도 되는 청년들에게 편지를 적었다. 예쁜 말씀 카드와 함께 편지를 적어서 선물로 주었다. 그때 한 청년의 고백을 아직도 잊지 못한다.

목사님! 저 사역자분들한테 처음으로 편지를 받아 봤어요. 진짜 가보로 간직할 거예요. 목사님이 고맙다고 했을 때, 으레 하는 인사라고 생각했어요. 그런데 이 편지를 받고 나니 진짜로 목사님의 마음이 느껴졌어요. 너무너무 고맙습니다.

그 청년의 고백을 통해 배운 것은 '행동으로 표현된 감사야말로 최고의 감사다'는 것이다. 이때의 행동은 상대가 알 수 있는 방법이 가장 좋다. 유인경 작가도 말한다. "마음만으로는 따뜻함이 전해지지 않는다. 말 한마디건, 편지 한 장이건, 차 한 잔이건 그걸 표현할 때 온기는 살아난다."[32] 마찬가지다. 감사는 행동할 때 진정성이 살아난다. 그 행동이 크고 작고는 상관없다. 감사의 말과 표현이 행동으로 이어지는 것, 교사의 감사는 그래야 한다.

매주 보는 아이들에게 "고맙다"고 말하는 것도 정말로 좋은 자세다. 다만 한 걸음 더 나아가서 표현하는 감사는 어떨까? 마음을 담은 작은 편지는 어떨까? 혹은 그 아이만을 위한 어떤 작은 선물은 어떨까?

비록 지금 이 세상이 풍요로운 세상이라고 할지라도, 교사가 감사의 마음을 담아 주는 작은 선물은 그 어떤 풍요로도 느끼지 못했을 마음일 수도 있으니까.

마음으로만 감사하면 상대방은 모른다.
표현으로 감사하면 상대방은 알지만 임팩트는 없다.

여기에 행동으로 감사하면 우리가 서로 감동하고 우리의 행복한 추억이 된다. 교사의 감사는 표현을 넘어 행동도 함께 가야 한다. 몸도 함께 따라가는 감사가 최고다.

핵심 포인트

1. 교사는 **영성의 자세**를 가져야 한다.

① 기도해야 한다.
② 말씀을 읽고 묵상해야 한다.
③ 공적인 예배에 최선을 다해야 한다.

: 교사의 기본은 영성이다. 교회학교 교사는 세상의 교사와는 다르다. 아무리 언변이 좋고, 소통이 잘 되고, 배울 것이 많다고 하더라도 영성이 없으면 '영원한 생명'이 없는 교사가 된다. 교사는 반드시 기도해야 한다. 말씀을 읽고 묵상해야 한다. 공적인 예배에 최선을 다해 참석해야 한다. 그것이 교사의 기본 자세다.

2. 교사는 **겸손한 자세**를 가져야 한다.

시온의 딸아, 마음껏 기뻐하여라! 예루살렘의 딸아, 소리쳐라! 보아라. 네 왕이 네게로 오신다. 그는 의로우시며 구원을 베푸시는 분이다. 그는 겸손하셔서 나귀를 타시니 어린 새끼 나귀를 타고 오신다. _슥 9:9 / 우리말

나는 마음이 온유하고 겸손하니, 내 멍에를 메고 나한테 배워라. _마 11:29上 / 새번역

교만은 패망의 선봉이요 거만한 마음은 넘어짐의 앞잡이니라. _잠 16:18 / 개역개정

① 교사는 부서에서 최종 결정권자가 아니다.
② 교사는 아이의 미래에서 최종 결정권자가 아니다.
③ 섬기는 자의 모습으로 부서에서 봉사해야 한다.

　: 예수님께서 우리에게 가장 먼저 보여주신 자세는 겸손이다. 그분은 거대한 로마의 황궁이 아니라 유대 땅 베들레헴에서 탄생하셨다(마 2:1). 십자가를 위해서 예루살렘에 들어가실 때도 나귀 새끼를 타고 가셨다. 예수님은 우리에게 그런 겸손을 배우라고 하신다. 교사가 진정으로 배워야 할 자세 중 하나가 바로 겸손이다. 교만하면 망한다!

### 3. 교사는 **감사하는 자세**를 가져야 한다.

범사에 감사하라 이것이 그리스도 예수 안에서 너희를 향한 하나님의 뜻

이니라. _살전 5:18 / 개역개정

① 감사에는 마음을 담아야 한다.
② 감사에는 언어를 담아야 한다.
③ 감사에는 행동을 담아야 한다.

  : 감사처럼 강력한 힘을 가진 것도 없다. 감사할 때 교사가 빛을 발한다. 감사는 하나님의 뜻이며 교사의 행복 비결이다. 흔들리지 않는 교사의 직분을 감당할 수 있는 비결은 감사에 있다. 교사는 감사하는 직분이다.

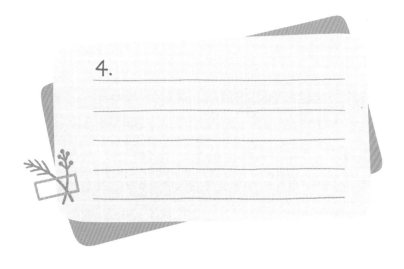

4.

짧은 글,
긴 생각

사람들 간의 차이는 미미하다. 그러나 그 미미한 차이가 큰 차이를 만들어 낸다. 미미한 차이는 태도고, 큰 차이는 그 태도가 긍정적이냐 부정적이냐 하는 것이다.

_W. 클레멘트 스톤


우리의 DNA는 침팬지의 DNA와 98.4%가 같다. 헤모글로빈이라는 단백질은 287개로 똑같다. 하지만 불과 1.6%의 차이가 한쪽은 동물원의 우리 속에 갇혀 있는 신세를, 다른 한쪽은 소풍가서 그들을 구경하는 상황을 만들었다. 1.6% 안에 들어있는 비밀은 뭘까?

_서광원, 《사자도 굶어 죽는다》 중

작은 차이가 큰 차이를 만들어 낸다. 고작 1.6%라는 작은 차이가 삶의 방향을 결정한다. 그리스도인도 마찬가지다.

"그리스도인들 간의 차이는 미미하다.
그러나 그 미미한 차이가 큰 차이를 만들어 낸다.

미미한 차이는 태도이고 큰 차이는 그 태도가
기도하느냐 기도하지 않느냐,
감사하느냐 감사하지 않느냐,
겸손하느냐 겸손하지 않느냐,
하는 것이다."

당신은 어떤 태도로 오늘을 살고 있는가?
당신은 어떤 자세로 오늘을 살고 있는가?

# 6장

# 라떼와
# 꼰대를 버리다 _성장

# 아이스브레이킹

◆ 최근에 가장 재미있게 읽은 책과 그 이유는 무엇인가요?

◆ 코로나 전과 후, 내가 성장한 부분과 퇴보한 부분은
어디인가요?

다음세대
교육 리부팅 2

문맹 교사
VS
성장 교사

작금의 한국교회에서 교사는 두 가지 유형만 있다.

'문맹 교사'와 '성장 교사'다.

교사는 자신이 어떤 교사가 될지 선택해야 한다.

　21세기 문맹은 더 이상 글을 읽고 쓰지 못하는 사람이 아니다. 읽어도 무슨 뜻인지를 모르는 사람이다. 현재의 모습에 안주하는 사람이고 시대의 흐름을 읽지 못하는 사람이다. 문맹 교사는 바로 그런 교사를 뜻하며, 더 이상 아이들에게 영향력이 없다. 반대로 여전히 성장하는 교사가 있다. 성장 교사는 끊임없이 배우려고 노력하는 사람이다. 그 노력이 아이들에게 선한 영향력으로 선물이 된다.

　과연 나는 두 교사 중에 어느 교사에 속해 있는가?

교사라면 반드시 성장하는 교사가 되어야 한다.

그리 멀지 않은 시대, 우리의 할아버지나 할머니는 대부분 까막눈이었다. 1930년 한글 문맹률은 84.6%였고, 일본어와 한글을 모두 못 쓰는 문맹률은 77.7%였다.[33] 그 설움에 복받친 부모는 자식만큼은 까막눈으로 살지 않게 하겠다고 교육에 부단히도 공을 들였다. 우리나라가 괜히 세계 제일의 교육열을 자랑하는 것이 아니다. 현재 통계청의 조사에 따르면 한국의 문맹률은 1% 이내라고 한다.[34] 이 모든 것이 까막눈에서 흘린 땀과 눈물 덕분이다.

다만 요즘은 글을 읽는 것과 이해하는 것은 완전히 다른 영역으로 간주 된다. 이 말은 얼마 전 인터넷에서 난리 난 글을 통해 쉽게 이해할 수 있다. 한 단체가 예약을 진행하는 과정에서 불편을 초래했고, '심심한 사과 말씀을 드린다'라고 적었다.

달린 댓글들이 놀라웠다. "난 안 심심해", "왜 회사에서 심심한 사과를 주냐?", "'아' 다르고 '어' 다른데 심심한 사과라니 레전드다", "꼭 '심심한'이라고 적었어야 했냐?" 등 비난의 글이 쏟아졌다. 마음 깊이라는 '심심(甚深)'을 지루하다는 '심심'으로 받아들인 것이다. 이를 두고 '21세기 신문맹'이라는 말이 많이 회자된다. <한국경제> 신문에 따르면 우리나라 실질 문맹률은 75%에 이른다고 한다.[35] 글을 보고도 75%는 이해를 못 하는 것이다.

글을 읽고도 이해를 못 하는 것이 신문맹이다. 앨빈 토플러는 신문맹을 이렇게까지 정의했다.

21세기의 문맹은 글을 읽고 쓰지 못하는 사람이 아니다. 배우려 하지 않고, 낡은 지식을 버리고 새것을 학습하는 능력이 없는 사람이다.

문맹에 대한 정의가 바뀌었다. 21세기 문맹은 '끊임없이 배우려는 의지가 없는 사람'이다.

어제의 지식으로 오늘을 사는 사람이 문맹이다.

더 이상 발전이 없는 사람이 문맹이다.

이런 마음과 자세로 교사의 직분을 수행하는 사람이 곧 문맹 교사다.

안타까운 것은 실제 사역의 현장에서도 문맹 교사가 늘어 간다는 것이다. 많은 교사들이 더 이상의 재학습을 버거워한다. 교사들은 말한다. "목사님! 이 나이에 뭘 더 배우겠어요?", "이제는 눈이 침침해서 글도 잘 보이지 않아요", "이제는 머릿속에 뭐를 집어넣어도 오래 못 가요." 세월의 빠름과 늙어버린 뇌를 탓하는 것이다. 그렇지 않다. 뇌가 주는 거짓 느낌에 속으면 안 된다.

뇌는 오히려 쓰면 쓸수록 성장한다. 나이와 무관하다. 독일의 뇌 신경과학자 닐스 비르바우머는 《뇌는 탄력적이다》에서 '학습을 하면 뇌신경망이 운동할 때 근육이 불어나는 것보다 더 빨리 불어나고, 나이와도 무관하게 생겨난다'라고 서술한다.[36] 역시 퓰리처상을 수상한 바버라 스트로치는 《가장 뛰어난 중년의 뇌》에서 다음과 같이 말한다.

중년의 뇌는 놀랍도록 유능하고 재주가 많다는 것이다. … 중년의 뇌는 뇌 안에 사실들을 축적하는 데 그치지 않는다. 우리의 뇌는 중년에 다가가면서 재조직되기 시작한다. … 뇌가 지식을 층층이 서로 얽고, 연결망의 패턴을 형성하는 덕분에 우리는 그러한 패턴과 상황의 유사성을 순식간에 인식하고 해결책을 찾아낸다.[37]

이들의 공통적인 주장은 중년의 뇌가 본인이 젊을 때와 비교하여 더 뛰어나며 충분히 창의적이라는 데 있다. 중년의 뇌는 더 빠르고, 더 영리하다. 패턴을 분석하고 논리적인 결론을 이끄는 데 오랜 시간이 걸리지 않는다. 이것이 바로 교사들이 가지고 있는 현재 뇌의 상태이고 능력이다.

교사는 자신의 뇌를 자꾸 괴롭혀야 한다. 교사의 뇌는 성장에 특화되어 있음에도 뇌는 자주 주인을 속인다. 뇌과학자들이 설명하는 뇌의 특성은 '게으르다', '변화를 싫어한다', '쉬고 싶어 한다'는 것이다. 가만히 두면 성장이 아니라 문맹 쪽으로 가고 싶어 하는 것이 우리의 뇌다. 그러니 교사는 자꾸 뇌를 괴롭혀야 한다. 새로운 것을 배우고, 기존의 지식을 업데이트하며 스스로를 성장시켜야 한다.

생각해 보면 3년 전 내비게이션을 그대로 쓰는 사람은 바보다. 업데이트하지 않고 그대로 쓴다면 당신은 자주 길을 잃을지도 모른다. 헤매면서 빙빙 돌게 될지도 모른다. 최악의 경우에는 목적지에 도착하지 못할 수도 있다. 비유하자면 교사는 내비게이션이다. 하나님은 당신을 다음세대의 내비게이션으로 부르셨다. 그런데 당신이 업데이트하지 않고 자꾸 옛날 길만 가르쳐 준다면 어떤 상황이 펼쳐질까? 성장하지 못하고 죽은 지식만 반복한다면 다음세대 아이는 어떻게 될까?

하루라도 성장하지 않으면 도태되는 것은 정말 순식간이다.

도태되면 과거의 영광 속에서 혼자 좋아하고, 혼자 살게 된다.

교사는 문맹을 버려야 한다. 새로운 것을 배우고, 지존의 지식을 업데이트하는 성장 교사가 되어야 한다. 그런 노력이 다음세대 아이들에게 반드시 선한 영향력으로 선물된다.

라떼와 꼰대를
버리고 묻다

청년 교사에 관한 재인식이 필요하다. 청년 교사는 '조금 더 큰 아이'가 아니다. 청년 교사도 교사다. 그럼에도 많은 교회에서 청년 교사를 여전히 애 취급하거나, '부교사(副教師)'라는 타이틀을 달아 부서의 잡일을 맡긴다. 그러나 청년 교사야말로 최고의 신지식인이다. 다음세대 아이들과 가장 터울이 적다. 말이 가장 잘 통한다는 이야기다. 교사가 성장하려면 이런 청년 교사들에게 많이 물어야 한다. 라떼와 꼰대를 버리고 묻는 데서 교사의 성장이 가속화 된다.

요즘은 '리버스 멘토링'이 대세다. 리버스 멘토링은 젊은 직원과 나이 든 직원을 연결하는 프로그램이다. 쉽게 말해 기존에 자기가 알던 것을 버리고 더 젊은 MZ세대에게 묻는 것이다. 교회의 현장에서 가장 필요한 것 중에 하나가 바로 리버스 멘토링이다. 혜안을 가진 젊은이들에게 새로운 것을 자꾸 물어야 한다. 묻고, 고칠 것이 있으면 고쳐야 한다.

23년 7월 19일. 상당히 많은 신문이 한 사건을 보도했다. KB라이프생명이 주관한 '쓴소리 강연'이다. 이 강연은 'MZ세대 직원들이 바라는 리더의 행동과 MZ세대들이 원하는 업무 방식'에 대한 주제로 진행했다. 부서장 64명이 MZ직원 13명에게 쓴소리를 듣는 시간이었다. 획기적인 사건 아닌가?

교회에서는 이런 쓴소리를 하기 힘들다. 일단 한국교회에서는 '쓴소리 = 불경건한 소리'다. 쓴소리는 곧 믿음 없는 소리다. 쓴소리는 교회를 허무는 소리다. 그래서 어느 부서를 막론하고 쓴소리를 하지 않는 것이 불문율이다. 특히 아랫사람이 윗사람에게는 어떤 말도 하면 안 된다. 이런 답답함과 막힘이 교회학교에도 그대로 적용된다.

장년 교사는 청년 교사의 말을 듣지 않는다. 세상은 리버스 멘토링이란 깃발을 휘날리며 아랫사람에게 쓴소리를 들어가면서도 조직을 변화시키려고 하고 있다. 반면 교회는 윗사람의 목소리만 살아있다. 라떼와 꼰대를 자처하는 전통과 권위만 살아있다. 은연중에 이런 사고방식에 젖어 있는 교사가 생각보다 많다. 왜 그럴까? 정태희 박사는 《리버스 멘토링》에서 그 이유를 설명한다.

대부분의 사람들은 현재의 사고방식에 익숙해져 배우려 하지 않는다. 그러다 보니 새로운 도전에 직면했을 때 자신이 이미 알고 있는 지식에 의지하거나 일반적으로 사람들이 생각하는 방식으로 반응하는 경향이 있다. 이러한 현상은 전문적인 사람들의 경우 더 심하게 나타난다. 전문적이고 경험이 많은 사람일수록 사고방식이 좁아지고 자신이 옳다고 믿는 것에 집착하기 때문이다.[38]

정태희 박사는 '과거에 대한 집착'이 원인이라고 한다. 그러니까 교사는 과거에 배웠던 그 지식, 과거에 문제를 해결했던 그 경험들에 의존한다. 과거의 정답으로 현재를 살고 있기에 마음을 열어 새로운 것들을 마음껏 배우지 못한다. 더 큰 문제는 그 정답을 여전히 부서 내에서 강요하고 있다는 것이다. 요즘 사회는 이것을 '꼰대'와 '라떼'라고 라벨링한다.

교사는 이런 과거의 집착에서 벗어나야 한다. 무엇보다 라떼와 꼰대를 버리면 일거양득이다. 일단은 교사 본인에게 많은 발전이 있다. 더하여 청년 교사들의 마음도 얻을 수 있다.

청년 교사들이 가장 좋아했던 한 부장님이 생각난다. 청년 교사들이 부장님을 좋아하니까 부서에 몇 가지 특징이 나타났다. 첫째, 부서의 분위기가 좋아졌다. 청년들은 일단 '하이텐션'이다. 웃음도 많다. 선한 영향력이 다른 교사는 물론이거니와 아이들에게도 전염

되었다. 부서에는 웃음꽃이 활짝 폈다. 둘째, 청년 교사의 비중이 늘어났다. 청년이 청년을 전도해서 부서실로 데리고 오는 진풍경이 매년 일어났다. 언젠가 부장님이 왜 좋으냐고 물었더니 청년이 대답했다. "부장님은 우리를 존중해 줘요." 들어보니 존중이라고 해서 거창한 것이 아니었다. 그저 청년들에게 많이 물어보고, 청년들의 의사를 반영해 준 것이었다. 청년들을 그것을 '존중'이라고 표현했다.

우리는 초시대(超時代)라는 마술의 시대를 살고 있다. 사상, 철학, 사회, 문화, 그리고 교육도 송두리째 바뀌는 시대다. 초 단위로 급변한다. 이런 시대에는 기존 교사의 '경험'도 중요하지만 청년 교사의 '혜안'도 역시 필요하다. 그래서 《탈무드》에서는 '만나는 모든 사람에게 무엇인가를 배울 수 있는 사람이 세상에서 가장 현명한 사람이다'라고 한다.

'아는 것이 힘'인 시대를 지나 '이제는 배우는 것이 힘'인 시대다.
이런 시대에 교사는 라떼와 꼰대를 버려야만 산다.
청년 교사, 젊은 교사들에게 자꾸 물어야 한다.
심지어 모르는 것이 있다면 반 아이들에게도 물어야 한다.
어떻게 생각하는지, 어떤 방법이 좋을지를 자꾸 물어야 한다.
그럴 때 우리가 함께 성장할 수 있고, 교사는 고인물이 되지 않을 수 있다.

독서야말로
성장의 치트키다

성장에서의 핵심은 무엇보다 '내가 자라는 것'이다. 문맹을 벗어날 수 있는 것도, 라떼와 꼰대를 버릴 수 있는 것도 결국은 내가 먼저 자라야만 가능하다. 여기에서 자람의 핵심 영양분은 독서다. 독서하는 교사는 반드시 성장하게 되어 있다.

독서는 치트키(Cheat Key)다. 한때 스타크래프트라는 게임을 잠깐 했었다. 내 실력으로는 컴퓨터와 1:1로 붙으면 승리하기가 힘들었다. 그때 내가 이기기 위해서 했던 행동은 '치트키'를 쓰는 것이다. 치트키를 명령어로 넣으며 미네랄이나 가스가 이미이마하게 충선된다. 이제 마음껏 건물이나 유닛을 지을 수 있다. 그렇게 치트키를 발판 삼아 기분 좋게 컴퓨터를 이기곤 했다.

게임을 좀 해 본 사람은 치트키가 가진 힘이 얼마나 대단한지 안다. 마찬가지로 스스로 성장을 해 본 사람은 독서의 힘이 얼마나 대단한지 안다. 독서야말로 인생의 치트키이기 때문이다.

독서는 인생의 깊이를 결정하는 치트키다. 흔히 사람의 성장은 경험에 달려 있다고 한다. 여러 가지 경험이 인생의 깊이를 결정하기 때문이다. 이때 경험은 직접적인 경험과 간접적인 경험으로 이루어지는데, 이 둘의 합이 인생의 깊이를 결정한다. 소설가 은희경 씨가 인터뷰에서 이렇게 대답한 적이 있다.

소설 소재를 어디서 얻느냐는 질문을 가끔 받습니다. 삶을 통한 경험으로부터 얻습니다. 내가 살아온 삶 속에서 얻게 된 감정과 감각과 사유, 즉 직접 경험은 내 속 어딘가에 녹아들어 있습니다. 그것을 자극해서 일깨워 주는 것이 간접경험인데요. 비율로 치면 30%의 직접경험에 70%의 간접경험이라고 할까요? 간접경험은 물론 독서입니다.[39]

은희경 작가의 뮤즈는 독서다. 독서를 통한 간접경험이 자신의 필력을 일깨운다. 확실히 유한한 인간은 모든 것을 다 직접적으로 경험할 수가 없다. 그래서 조상들 역시 독서가 곧 간접경험의 최고봉임을 예찬하고는 했다. 다만 요즘 조금 바뀐 것이 있다. 이제 독서는 간접경험이 아니라 직접경험이다.

학창 시절 내내 공부, 돈, 외모의 벽에 막혔던 한 사람이 있었다. '인생의 꼴지'라는 벽에 갇혀 누구를 질투해 본 적도 없었다. 사람은 너무 큰 격차를 느끼면 질투란 감정조차 느끼지 않기 때문이다. 그런 그가 30대에는 경제적 자유를 이루었다. 일하지 않아도 월 1억 원이 넘는 자동 수익을 완성했으며, 몇 개의 회사와 13명 이상의 직원들을 거느리고 있다. 바로 '자청'이라는 인물이다. 어떻게 그렇게 될 수 있었을까? 자청은 자신이 성공할 수 있었던 핵심 요소를 독서라고 말한다. 그는 《역행자》에서 다음과 같이 말한다.

책은 모든 뇌 영역을 활성화해, 뇌세포를 증가시키고 지능을 상승시킨다. 우리가 독서를 할 때 그냥 글자만 읽는 게 아니라 그 내용을 머릿속에 시뮬레이션하는데, 뇌는 실제 경험과 이 시뮬레이션을 구분하지 못한다. 그래서 독서는 간접경험이 아니라 직접경험에 가깝다. 실제로 독서는 시각 정보를 감당하는 후두엽, 언어 지능 영역이 측두엽, 기억력과 사고력 등을 담당하는 전두엽과 뇌를 활성화시킨다. 책 내용에 따라 감정과 운동을 관장하는 영역까지 활성화시킨다. 즉 뇌 전체를 사용하게 하는 것

이다.[40]

자청에게 독서는 직접적인 경험이며, 독서는 뇌 전체를 사용하게 한다. 이 책에서 자청은 자신이 바뀌게 된 계기가 바로 '독서'라고 몇 번이고 말한다. 독서를 통해 '자청'이란 인물이 세상 밖으로 나올 수 있었음을 고백한다.

독서는 나를 가장 빠르게 자라게 하는 치트키다. 직접경험이든 간접경험이든 중요한 것은 독서야말로 자신을 가장 빠르고 안전하게 자라게 한다는 것이다. 동아대학교 이국환 교수는 《오전을 사는 이에게 오후도 미래다》에서 다산(茶山) 정약용의 독서를 다음과 같이 설명했다.

정약용은 독서를 "인간의 으뜸가는 깨끗한 일"이라고 유배지에서 아들에게 보낸 편지에 썼다. 책 읽는 자는 자신이 부족한 점을 깨닫고 끊임없이 성찰하여 내면을 정화한다. 다산의 독서는 단순히 글자를 읽어 지식과 정보를 습득하는 것이 아니라 자간과 행간을 읽는 행위, 즉 저자와 소통하며 세계와 마주하는 일이었다.[41]

정약용은 자간과 행간을 읽는 행위를 통해 결국은 내 자신이 자라게 됨을 말한다. 그러기에 그는 아들에게 독서야말로 '인간의 으뜸가는 깨끗한 일'이라고 가르쳤던 것이다. 독일의 문호인 마르틴 발저도 말했다. "사람은 자기가 읽은 것으로 만들어진다."

문제는 갈수록 책을 읽지 않는다. 문화체육관광부의 2021년 국민 독서실태 조사에 따르면 최근 1년간 한국인의 종합 독서율은 47.5%에 불과하다. 즉, 한국 성인 5명 중 2명만이 1년 동안 책을 읽었다는 것이다. 독서량도 마찬가지다. 한국인의 연간 종합 독서량은 4.5권에 불과하다. 이는 OECD 국가 평균인 16권에 크게 못 미치는 수치다. 이러면 치트키를 쓸 수가 없다.

교사는 날마다 성장해야 한다. 우리에게 맡겨 주신 아이들은 날마다 자란다. 교사도 역시 자라야만 아이들과 함께 관계 맺기가 가능하다. 지식 생태학자인 유영만이 이런 말을 한 적이 있다. "읽지 않으면 읽히지만 읽으면 읽히기 시작한다."[42] 교사가 책을 읽지 않으면 아이들에게 읽힌다. 읽히면 매력이 없어지고, 너무 뻔한 교사가 된다.

교사가 책을 읽으면 아이들이 읽히기 시작한다.
아이들이 읽히면 대화가 재미있고, 사역도 즐겁다.
내 눈에 아이들이 다 보이기 때문이다.
그러니 독서야말로 교사 생활에 있어서 가장 중요한 치트키다.

**핵심 포인트**

## 1. 교사는 끊임없이 **성장**해야 한다.

때가 오래되었으므로 너희가 마땅히 선생이 되었을 터인데 너희가 다시 하나님의 말씀의 초보에 대하여 누구에게서 가르침을 받아야 할 처지이니 단단한 음식은 못 먹고 젖이나 먹어야 할 자가 되었도다. _히 5:12 / 개역개정

예수님은 지혜와 키가 점점 자라고 하나님과 사람들에게 더욱 사랑을 받았다. _눅 2:52 / 현대인

: 교사는 매일매일 성장해야 한다. 예수님은 그저 세월의 흐름을 따라 살지 않았다. 키만 자란 것도 아니다. 지혜도 함께 자랐다. 육신이 자람에 따라 지혜도 함께 성장한 것이다. 그래서 하나님과 사람들에게 더욱 사랑받은 것이다. 교사 역시 자라야 한다. 성장해야 한다. 하루라도 성장하지 않으면 도태되는 것은 순식간이다.

## 2. 교사는 **지속적인 재교육**이 이루어져야 한다.

그러므로 누구든지 그리스도 안에 있으면 새로운 존재입니다. 옛사람은 없어지고 새사람이 된 것입니다. _고후 5:17 / 현대인

: 현재 우리는 초시대(超時代)라는 마술의 시대를 살고 있다. 사상, 철학, 사회, 문화, 그리고 교육도 송두리째 바뀌는 시대다. 초 단위로 급변한다. 당연히 교사는 재교육이 이루어져야 한다. 어제까지 알던 것을 버리고 새로운 지식으로, 새로운 교사가 되어야 한다. 모르는 것이 있으면 묻고 배우려 해야 한다. 지식만큼은 항상 새로운 교사가 되어야 한다.

## 3. 교사는 **독서**를 통해 성장해야 한다.

이 율법책의 말씀을 늘 읽고 밤낮으로 그것을 공부하여, 이 율법책에 씌어진 대로, 모든 것을 성심껏 실천하여라. 그리하면 네가 가는 길이 순조로울 것이며, 네가 성공할 것이다. _수 1:8 / 새번역

① 성경을 많이 읽고 공부해야 한다.
② 다양한 분야의 독서를 해야 한다.

: 동서고금을 막론하고 독서의 중요성은 아무리 강조해도 지나치지 않다. 독서의 양이 교사의 실력을 판가름한다. 특히 교사는 영적인 스승으로 성경을 많이 읽어야 한다. 여호수아는 성경도 밤낮으로 공부하라고 권면한다. 더불어 성경을 읽고 공부하는 만큼 다양한 분야의 독서를 해야 한다. 이런 노력이 있어야 교사가 영적으로 육적으로 성장할 수 있다.

4.

짧은 글,
긴 생각

당신이 초조한 이유는 두 가지다.
"머리가 비었거나, 호주머니가 비었거나."
온화함은 잔고에서 온다는 말, 어떻게 생각하세요?
_〈인스타〉 iring0309님의 글에서


확실히 통장의 잔고가 두둑하면 온화해진다.
조금 더 이해하고, 조금 더 받아줄 수 있는 여유가 생긴다.
그러나 인생에서 채워야 하는 것은 통장의 잔고만이 아니다.
지식의 잔고도 역시 중요하다.
지식의 잔고가 두둑하면 주위의 이런저런 가벼움 정도는 참아줄 수
있다.
오늘 당신이 학생들에게 온화하지 못하다면,
지식의 잔고가 줄어들었기 때문은 아닐까?

3부

# 교사를 보내심

# 7장

# 15분의 승부를
# 띄워라 _분반공부

# 아이스브레이킹

◆ 학창 시절 가장 인기있던 선생님, 그 이유는 무엇인가요?

◆ 선생님 중 나의 롤모델이 있다면 그 이유는 무엇인가요?

다음세대
교육 리부팅 2

# 15분에
# 승부를 걸어라

반 모임은 교사의 무대다. 교사가 빛을 발할 수 있는 시간이다. 이때 주어진 시간은 15분 남짓. 그러나 15분은 결코 적은 시간이 아니다. 이 시간을 위해 일주일을 준비했다면 한 아이가 변화되기에 충분하다. 교사는 매주 15분의 무대, 이곳에 승부를 걸어야 한다.

무대 위에서는 자신감 있는 사람이 돋보인다. 마찬가지다. 사역의 무대에서도 자신감 있는 교사가 돋보인다. 반 모임을 시작하면 교사는 두 부류로 나뉜다. 먼저는 세상 반갑고 요란하게 아이들의 이름을 부르는 교사다. 멀리서 봐도 참으로 매력적이다. 다음으로는 어깨가 축 처져서 아이들에게 다가가는 교사다. 가까이서 보면 더 걱정이다. 이런 교사들을 볼 때마다 개인적으로 이효리의 노래를 부르면서 반 모임으로 가도록 하고 싶다. 춤까지 추면 더 좋고.

이효리는 무대에서 가장 돋보이는 가수 중 한 명이다. 그녀의 매력은 자신감이다. 이효리가 그룹에서 솔로로 전향했을 때, 그녀를 톱 스타로 올려놓은 곡이 '10 minutes'이다. 이 노래의 의미는 좋지 않다. 그러나 노래 속에 나오는 그녀의 포부만큼은 배울 만하다. 10분이면 충분하다는 그녀의 노랫말은 오늘 우리 교사들에게 필요한 자신감이다. 아이들을 위한 분반공부 시간 15분만 있으면 충분하다는 그 자신감이 지금 우리에게는 필요하다.

자신감은 시간과 직결된다. 알다시피 요즘은 반 모임에 무작정 시간을 낼 수 없다. 각 교회와 부서마다 형편이 다르겠지만 상대적으로 저학년은 모임 시간이 조금 길다. 고학년으로 갈수록 짧다. 특히 고등부 정도 되면 20분의 분반공부도 힘들다. 주일에도 학원에 가는 아이들이 많기 때문이다. 시험 기간이 다가오면 아이들의 얼굴조차 보기 힘들다. 그러나 시험 같은 특수한 경우를 제외하고는 어느 부서든 대략 15분 정도의 시간은 낼 수 있다. 15분! 교회학교의 공통분모이며, 골든타임이다.

15분은 집중하기에 최고로 좋은 시간이다. 화자도 청자도 서로 부담 없다. 예를 들어 요즘 유행하는 프로그램 중에 '세바시'(세상을 바꾸는 시간 15분)라는 프로그램이 있다. '세바시'는 처음에 대단한 프로그램은 아니었다. 그러나 현재 '세바시'의 페이스북 팔로워는 55만 명에 이른다(23년 7월 기준). 강연을 넘어 세바시 모임, 코스, 대학, 챌린지까지 펼쳐진다. 최근에는 세바시 청소년 캠프도 개최했다.

왜 이렇게 성장할 수 있었을까? 개인적으로 시간의 콘셉트를 잘 잡았기 때문이라고 생각한다. 물론 수준 높은 강연자들이 매번 바뀌는 것도 중요한 이유겠지만, 이들의 강연이 더 빛을 발하는 것은 시간 때문이다. 15분이란 콘셉트. 서로가 집중해야만 하는 시간이다. '세바시' 대표인 구범준 씨는 프로그램을 15분으로 제한한 이유를 이렇게 설명했다.

당시 우리나라 사람들이 강연을 듣기 가장 쾌적한 시간이 15분이라고 생각했다. TED의 평균 강연이 18분이었는데 18분은 스마트폰으로 보기에 생각보다 긴 시간이라 느껴 3분을 뺀 15분으로 확정했다.[44]

실제로 '세바시'는 15분이 넘을 때도 있다. 그러나 많은 사람의 머릿속에 15분은 상징처럼 각인되어 있다. 15분이면 강연자도 참석자도 충분히 소통하고 공감할 수 있는 시간이라는 공식이 어느 정도 완성된 것이다. 덕분에 사람들은 그 짧은 시간에 모두가 만족을 얻고 돌아간다.

서로가 만족하려면 시간이 정해져 있어야 한다. 요즘 같은 시대에는 길지 않은 것이 좋다. 나는 고등부를 기준으로 분반공부를 15분 정도로 마치라고 독려한다. 조금 아쉬운 감이 들 수도 있다. 그러나 아이들과의 관계에서는 지루함보다는 아쉬움을 택해야 한다. 길어서 지루함을 주는 것보다는 짧아서 아쉬움을 주는 것이 백만 배 낫다. 왜 음식도 조금 덜 먹는 것이 건강에 좋지 않나. 포만감이 들 때까지 먹는 것 보다. 분반공부도 딱 이와 같다.

특히 처음 반을 맡은 교사는 15분을 넘기지 않는 것이 좋다. 15분 정도, 중요한 핵심만 전하는 것이 좋다. 일단 아이들의 머릿속에 '세바시'처럼 각인이 될 때까지, 중요한 핵심만 전하고 마치라고 한다. 다만 한 번 각인이 되면 시간이 조금 늘어도 괜찮다. 이미 아이들의 머릿속에는 '짧다'라는 것이 각인되었기 때문이다. 기억하자. 핵심만 전하자.

핵심을 전하려면 '나눔과 결단'에 집중하면 된다. 많은 교사들이 분반공부가 시작되면 다시 교역자의 설교를 처음부터 반복한다. 좋은 방법이 아니다. 분반공부가 시작되면 아이스브레이킹을 하고 중요한 내용만 두어 가지 짚어야 한다. 그리고 바로 나눔과 결단으로 가야 한다.

나눔과 결단이라고 하는 것은 교역자의 설교에 대한 후속 프로그램이다. 교역자의 설교가 이론의 영역이었다면, 분반공부는 실천의 영역이다. 오늘의 말씀을 나는 어떻게 생각하는지, 그 말씀을 듣고 우리는 어떻게 살면 좋은지에 대한 실천을 다루는 것이다.

길지 않아도 된다. 어떤 교사들은 분반공부를 짧게 하면 마치 자기에게 주어진 사역을 성실하게 수행하지 못했다고 생각했다. 그래서 너무 장황하게 많은 것들을 펼쳐 놓았다. 아니다. 그러면 오히려 역효과가 난다. 말이 장황하고 길어지면 아이들의 고개도 길게 떨어진다. 그러니 핵심만 전하겠다는 생각으로 분반공부를 진행하는 것이 좋다. 핵심은 양이 아니라 질이다.

분반공부는 만물상이 아니다. 오늘의 내용을 하나도 빠트리지 않고 전하겠다는 마음으로 하면 안 된다. 하나라도 좋으니, 그 하나를 아이의 마음에 심고 예배당의 문을 나가게 하겠다는 마음으로 해야 한다. 그러니 짧을수록 효과적이고, 거기에 임팩트까지 있다면 최고의 15분이 될 수 있다.

교사도 학생도 바쁜 시대이다. 핵심을 짚는 것이 중요하다.

양이 아니라 질이다. 내가 먼저 소화해서 남의 말이 아니라 내 말로 분반공부를 진행한다면 15분이면 충분하다. 15분이면 학생이 바뀐다. 아이를 살리는 골든타임을 놓치지 말아야 한다.

## 4박자의
## 리듬을 기억하라

확실히 어렵기는 하다. 교회 밖에서는 '심방'이 가장 어렵고, 교회 안에서는 '분반공부'가 가장 어렵다. 사역의 현장에 만난 교사들은 말했다. "분반공부만 시키지 않으면 교사할게요!" 그러나 그럴 수 없다. 그래서도 안된다. 분반공부야 말로 교사가 빛을 발하는 시간이기 때문이다. 교사로서 가장 보람된 순간도 역시 분반공부다. 해보면 안다. 아이들과 함께 자라는 것이 얼마나 보람된 일인지.

다만 분반공부를 '더' 어렵게 만드는 요인이 있다. 바로 '교사의 착각'이다. 교사가 흔히 하는 착각은 자신을 '해결자'라고 생각하는 것이다. 분반공부를 하다가 보면 아이가 자신의 어려움을 말할 때가 있다. 그때 '내가 이 문제를 해결해 줘야지'라는 마음이 생긴다. 당연한 마음이지만 이때가 가장 위험한 순간이다. 이 과정에서 교사는 자신도 모르는 사이에 해결자가 되기 쉽다. 해결자가 되면 당연히 부담도 커지기 마련이다.

더 큰 문제는 교사가 해결자가 되면 아이는 실패자가 된다. 분반공부의 목적은 앞선 언급처럼 '말씀의 실천과 적용'에 있다. 그러니까 아이가 교회에서 찾은 답을 세상으로 가지고 나가 적용해 보는 것이다. 세상 속에서 말씀대로 살아보는 것이다. 이런 과정을 통해 아이는 건강한 그리스도인으로 자라게 된다. 그러나 교사가 해결자가 되면 아이는 교사가 정해준 대답으로 세상을 살아간다. 자신의 인생임에도 자신이 실천할 항목들을 정하지 못한다. 교사가 정해주는 것, 몇 번이야 괜찮다. 그러나 이 과정이 지속되면, 아이는 스스로 답을 찾고 적용할 능력을 잃어버리게 된다. 신앙의 생명력을 잃고 실패자가 되기 쉽다.

실제로 분반공부 시간에 반모임을 진행하는 교사들을 볼 때가 있다. 10초를 기다리지 못했다. 아이가 고민을 하고 대답할 시간을 기다리지 못했다. 대답이 마음에서 입으로 올라오는 데까지의 시간을 버티지 못했다. 그러자 교사가 바로 답을 말해 버렸다. 혹은 아이가 대답은 했으나 대답이 마음에 들지 않으면 자신이 원하는 대답으로 수정해 버렸다.

기억해야 할 것은 교사는 '해결자'가 아니라 '돕는 자'이다. 대답은 학생이 한다. 설사 그 대답이 교사의 기대에 미치지 못하더라도 교사의 역할은 어디까지나 돕는 자다. 그럼 어떻게 도우면 될까? 돕는 것에도 방법이 있다. 강원국은 《어른답게 말합니다》에서 이런 상황에서 도움을 주는 4가지 방법을 제시한다.

첫째, 인정해 준다. 나는 당신의 그런 감정을 존중한다.

둘째, 지지해 준다. 당신은 혼자가 아니다. 나는 언제나 당신 편이다.

셋째, 질문한다. 자신의 감정을 스스로 알고, 하고 싶은 말을 할 수 있는 기회를 준다.

넷째, 들어준다. 들어줌으로써 스스로 감정이 풀릴 수 있도록 도와준다.[45]

강원국 씨가 말하는 4가지 방법은 질문에 대한 답을 찾는 좋은 과정이다. 다만 개인적으로 교회학교를 위해 이것을 재배열하여 사용하면 훨씬 더 큰 효과가 있을 것으로 기대한다.

분반공부, 4박자를 기억하라. 지지, 질문, 듣고, 인정이다.

지지하고 질문하고, 듣고 인정하라!

### 첫 번째 박자, 지지하기

분반공부를 시작하기 전, 토대를 견고하게 다지는 작업이 우선이다. 집을 아무렇게나 세울 수는 없다. 주춧돌을 놓아야 한다. 주춧돌은 보통 목조건축의 기둥 밑에 놓는 돌을 가리킨다.《두산백과사전》에 따르면 '주춧돌이 없으면 습기나 풍화작용에 의해 기둥의 아랫부분이 썩어 마멸될 수 있다'고 한다. 즉, 주춧돌이 없으면 오래지 않아 집이 무너진다는 뜻이다.

지지하기는 아이와의 관계에서 주춧돌을 놓는 작업이다. 질문을 하기 위해서는 가장 먼저 학생에게 안정감을 주어야 한다. '너는 어떤 말을 해도 괜찮아. 네가 어떤 의문을 제시해도 괜찮아. 나는 항상 너의 편이야'라고 학생을 지지하며 안정감을 주어야 한다. 물론 하루아침에 되지는 않는다. 분반공부가 시작될 때마다 항상 말해 주어야 한다. 이렇게 말해보자.

"선생님은 너를 존중해. 너는 어떤 것을 물어도 되고, 어떤 것을 대답해도 돼. 심지어 할 말이 없을 때도 너를 지지할게. 이 시간 오롯이 나는 너의 편이야." 이러한 지지감이 안정감을 낳는다. 지지만 제대로 되어도 우리가 흔히 말하는 '라포(rapport)'가 형성된다.

두 번째 박자, 질문하기

질문이 가장 중요하다. 분반공부는 질문만 잘해도 학생들과 충분히 재미있고 의미 있는 시간을 보낼 수 있다. 비즈니스 전략가인 앤

드루 소벨은《질문이 답을 바꾼다》에서 다음과 같이 질문의 중요성을 강조한다.

훌륭한 질문은 생각을 자극하여 의견을 재고해 보게 만든다. 훌륭한 질문은 문제의 틀을 재구성하고 문제를 재정의한다. … 역사를 되돌아보면 소크라테스나 예수처럼 변화를 이끈 인물들은 질문을 이용해 커다란 효과를 얻어냈다. 그들의 질문은 가르침을 위한 도구이자 주변 사람들에게 잊을 수 없는 변화를 주는 수단이었다.[46]

소벨에게 질문은 곧 그 사람 자신이다. 그 사람이 어떤 질문을 던지는지를 보면 그 사람을 알 수 있다. 마찬가지다. 교사 역시 분반공부 시간에 학생들에게 던지는 질문을 보면 교사의 준비 정도를 알 수 있다.

개인적으로 분반공부를 이렇게 진행하라고 독려한다. 일단 나는 그날의 설교를 공과로 만들어서 사용하고 있다. 이름하여 '마말품'(마음에 말씀 품기)이다. 여기에는 이런 항목들이 있다.

- 한 주간 삶 나눔
- 말씀 다시 읽기

- 말씀 깊게 보기
- 질문 그리고 결단하기
- 함께 기도하기

여기에서 내가 가장 강조하는 것은 '질문 그리고 결단'이다. 질문은 5-6개 정도로 이루어져 있는데, 모두 다 질문할 필요는 없다. 그날그날 학생들의 상태에 맞춰서 질문하면 된다. 몇 개의 질문을 통해 학생들은 내가 성경의 등장인물이 되기도 하고, 왜 그런 선택을 했는지에 대한 고민도 한다. 마지막으로 그 결정을 통해 이번 주를 어떻게 살 것인가를 결단한다.

질문을 잘해야 결단으로 이어진다. 각자의 교회에서 어떤 방식으로, 얼마만큼의 시간으로 반 모임 시간을 진행하든 중요한 것은 질문이다. 질문을 잘해야 한다. 질문은 본문에서 벗어나지 말고, 간결하게, 핵심을 질문해야 한다. 그런 질문들만 잘 던져 주어도 그날 분반공부는 성공이다. 굳이 지금 이 자리에서 대답을 듣지 못한다고 하더라도 이미 성공이다. 아이들의 머릿속에는 이미 질문이 심겼기 때문이다.

세 번째 박자, 들어주기

질문을 했으면 당연히 들어줘야 한다. 반 모임 시간에 뒤에서 보면 생각보다 입이 간질간질한 교사들이 많다. 학생의 말을 끝까지 듣지 않고 중간에 가로채기하는 교사도 있다. 그러나 일단은 무조건 들어야만 한다. 교사는 《불편한 편의점》에 나오는 독고의 조언을 깊게 들을 필요가 있다. 선숙과 독고의 대화다.

> 선숙: "내가 말이 너무 많았죠? 너무 힘들어서…. 어디 하소연할 데도 없고. 독고 씨가 들어줘서 좀 풀린 것 같아요."
> 독고 : "그거예요"
> 선숙 : "뭐가요?"
> 독고: "들어주면 풀려요. 아들 말도 들어줘요. 그러면… 풀릴 거예요. 조금이라도."[47]

독고와의 대화를 통해 선숙은 깨달았다. 자신이 한 번도 아들의 말을 제대로 들어주지 않았다는 사실을. 분반공부 시간에 교사는 독고도 될 수 있고 선숙도 될 수 있다. 선택의 자유가 있다. 그렇다면 교사는 누구를 선택해야 할까? 답답해도, 시간이 걸리더라도 끈기 있게 기다려 줘야 한다. 들어줘야 학생의 마음이 풀린다. 마음이 풀려야 대화의 빗장이 열린다.

### 네 번째 박자, 인정하기
마지막 박자는 인정이다. 질문과 대답이 반드시 같을 필요는 없다. 분반공부는 '붕어빵틀'이 아니다. 똑같은 모양의 붕어빵을 계속 찍어 내는 것이 목표가 아니다. 오히려 서로 다른 모양, 서로 다른 색깔임을 인정하고 받아들이기 위한 것이다.

인정은 나도 맞고 너도 맞는 것이다.《논어》에 보면 '군자화이부동 소인동이불화(君子和而不同, 小人同而不和)'라는 말이 있다. 이 말은 '군자는 조화를 이루되 동화되지는 않는다. 소인은 쉽게 동화되지만 조화를 이루지 못한다'는 뜻이다. 즉, 나를 중심에 두고 타인과 함께하라는 뜻이다. 이것이 바로 인정이다.

인정은 '조화(造花)'와 '조화(調和)'를 구분하는 것이다. '조화(調和)', 나의 색깔도 중요하지만 너의 색깔도 중요함을 말한다. 서로가 서로의 배경이 되어 줄 수 있음을 고백하는 것이다. 그러나 가끔 아이들에게 윽박지르는 선생님들을 보게 된다. 선생님의 생각을 강요하는 것이다. 선생님의 생각에 따라 인공적으로 아이를 만드는 것이다. '너는 이렇게 말해야 해.' 여기에는 아이가 풍길 수 있는 향기가 없다. 마치 조화(造花)처럼. 김수인 강사는 이를《소통 수업》에서 다음과 같이 설명했다.

자신만의 분명한 색깔을 잃고 상대와 같아지는 것은 결국 상처로 남는다. 그리고 이는 곧 갈등과 불통을 의미한다. 상대의 다름을 내가 얼마나 받아들이고 있는지 돌아보는 것은 소통의

중요한 시작이자 본질이다.[48]

분반공부의 최종 목적지는 서로의 다른 색깔을 이해함에 있다. 목적지가 조화(造花)가 아니라 조화(調和)에 있다. 그래서 선생님은 학생과 의견이 다를 때 반드시 이렇게 말해 주어야 한다. 이렇게 말해보자. "나는 비록 너의 의견과 다르지만, 그럼에도 너의 생각과 의견도 전적으로 존중해." 존중이 있어야 분반공부 시간이 즐거울 수 있다.

짧은 반 모임 시간에는 박자가 있으면 더 리드미컬하다.

아이들과 함께 춤을 추는 분반공부 시간을 보내고 싶다면 네 박자를 기억하라.

지지하고 질문하고 듣고 인정하기!

함께 박자를 타며 즐거운 분반공부의 춤을 시작하여라.

## 영혼에는 나이가 없다

많은 교사들이 분반공부를 힘들어한다. 반을 맡기지 않으면 교사를 하겠다는 분들이 생각보다 많다. 왜 힘들어할까? 앞서 하나의 이유를 말했다. 해결자라고 생각하기 때문이다. 또 다른 이유도 있다. 의무감 때문이다. 아이에게 의미 있는 것을 반드시 가르쳐야만 한다는 의무감이 교사를 불편하게 만든다. 그러나 분반공부는 의무의 시간이 아니라 만남의 시간이다. 이 시간은 영혼과 영혼의 만남이고, 인격과 인격의 만남이다. 서로가 서로에게 배움이 되는 즐거운 만남의 시간, 분반공부는 그런 시간이다.

교사가 되면 여러 가지 의무(義務)가 생긴다. 그 가운데 최고는 가르쳐야 한다는 의무다. 분명 가르치는 것이 의무인 것은 맞다. 다만 의무가 당위가 되니 불안하고 불편해지는 것이다. 그렇게 되면 이런 식으로 결론이 난다.

'아이는 아직은 미숙하고 완전하지 않은 존재야. 그러니 교사인 내가 아이의 잘못된 생각들을 반드시 고쳐주어야 해'

아이가 아직 완전하지 않은 존재인 것은 맞다. 그러나 우리는 예수님께서 아이들을 보셨던 시각을 배울 필요가 있다. 예수님께서 이 땅에 계실 때, 아이들을 이렇게 바라보셨다.

그러나 예수께서 말씀하셨다. "어린이들이 내게 오는 것을 허락하고, 막지 말아라. 하늘나라는 이런 어린이들의 것이다."_마 19:14 / 새번역

예수님은 아이들을 의무감으로 대하지 않으셨다. 성경 곳곳을 보면 예수님은 아이들을 가르쳐야 하는 어리숙한 존재로도 보지 않으셨다. 오히려 천국은 어린아이 같은 자들에게 허락된 곳임을 말씀하면서 그 깨끗함을 어른이 배워야 함을 강조하셨다. 덧붙여 교사는 법정 스님의 말을 좀 귀담아들을 필요가 있다. 최인호 작가와 법정 스님이 산방 대담을 한 적이 있다. 거기에서 "아이는 신비하다"라는 최인호의 말에 법정이 대답했다.

영혼에는 나이가 없으니까요. 단지 육신을 가지고 나온 시간이 얼마 안 되었을 뿐 몇 번의 생을 겪고 나온 것이잖습니까. 그

래서 우리가 생각지도 못했던 말이라든가, 배울 새도 없었을 말들이 마구 쏟아져 나오지요. 어린이는 어른의 아버지라는 말이 그 소리입니다. 육신의 나이로 아이를 생각해서는 안 되지요. 나의 소유물이 아니라 대등한 인격체로 대해야 하는 것도 같은 이유에서입니다.[49]

우리는 불교의 윤회를 믿지 않는다. 다만 법정이 한 말 중에 "영혼에는 나이가 없다. 육신의 나이로 아이를 생각해서는 안 된다. 그러니 대등한 인격체이다"라는 말에 주목할 필요가 있다. 여기에서 나의 강조점은 '대등한 인격체'에 있다.

예수님의 가르침이나 최인호, 법정의 말은 결국 동일하다. 우리는 서로가 서로에게 배움이 되는 존재다. 교사가 분반공부에서 꼭 기억해야 할 것은 이 자리는 오롯이 나만 희생하는 자리가 아니라는 것이다. 마이너스의 자리가 아니다. 교사 역시 자라나는 아이들을 통해 배운다. 이 자리는 서로가 서로에게 스승이 되는 자리다. 영혼과 영혼의 만남, 인격과 인격의 조우, 분반공부는 그런 플러스의 자리다.

확실히 뭐든 한 방향으로만 흐르면 힘들다. 교사들이 그 자리를 떠나고 싶은 이유는 한 방향이기 때문이다. 여름 수련회가 끝나자 한 교사가 찾아와 말했다. "목사님! 내년에는 좀 쉬고 싶습니다. 매주 분반공부에 들어가 보니 참 마음이 어렵습니다. 아이들이 대답을 잘해 주는 것도 아니고, 그렇다고 저의 말을 잘 듣는 것 같지도 않습니다."

이찬수 목사는 교육부 사역 시절 자신에게 찾아와서 그렇게 하소연한 교사에게 혼을 내면서 이렇게 말했다고 한다.

선생님, 지금 착각하고 계십니다. 하나님이 우리에게 어떤 기능을 원하셔서 교사로 세우셨다면 우리 같은 사람을 교사로 세우셨겠습니까? 하나님이 애당초 저나 선생님을 쓰셨을 때에는 목적하시는 바가 달리 있기 때문 아닙니까? 그 자리를 지키는 것 자체가 하나님이 가장 기뻐하시는 열매고 상급 아니겠습니까? 아이들이 바뀌고 안 바뀌고는 하나님 소관 아닙니까?[50]

이찬수 목사의 말이 내가 하고 싶은 말이었다. 내 것을 준다고만 생각하면 힘들다. 가르쳐야 한다고만 생각하기에 힘든 것이다. 그러나 우리가 서로 하나님의 목적 속에서 배우고 있고, 이 배움의 결과가 하나님께 있다는 것을 안다면 교사는 이렇게 말하지 않을 것이다. "교사를 그만두고 싶습니다."

나는 용기가 없어서 이찬수 목사처럼 말하지 못했다.

지금도 그렇게 말하지 못하고 그 교사를 보내주었던 것이 너무도 후회가 된다.

다시 한번 강조하고 싶다. 분반공부는 쌍방 소통이 되어야 한다. 분반공부가 삭막해지는 이유 중 하나가 바로 일방 소통을 하기 때문이다. 그러니까 교사가 반 모임을 '내가 아는 것을 너희에게 가르쳐 주는 시간'이라고 생각하는 것이다. 그러기에 반 모임은 희생의 시간이고, 희생해야 하기에 교사는 말이 많아진다. 말이 많아지면 힘이 들어가고, 힘이 들어가면 곧 지치게 된다.

분반공부는 오히려 교사도 배우는 시간이다. '불치하문(不恥下問)'이란 말이 있다. '아랫사람에게 묻는 것을 부끄럽게 여기지 않는다'라는 뜻이다. 역시 《논어》에는 '삼인행필유아사(三人行必有我師)'란 말이 있다. 세 사람이 길을 가면 그 가운데 반드시 나의 스승이 될 만한 사람이 있다는 뜻이다. 나이는 중요치 않다. 그저 배우고자 하는 의지와 마음만 있으면 된다.

정말로 그렇다. 배움에는 나이가 없다. 장진희 사모는 《마음에 길을 내는 하루》에서 고백한다. "딸들의 생각은 날마다 커 가고 우리 부부는 그보다 더디다. 세 살 아이에게도 배울 것이 있다는데 청춘을 달리는 딸들에게 얼마나 배울 것이 많겠는가."[51] 배움은 나이의 문제가 아니라 마음의 문제다.

분반공부는 영혼과 영혼의 만남이다.

분반공부는 인격과 인격의 만남이다.

분반공부는 스승과 스승의 만남이다.


이 말을 마음에 품고 다시 한번 눈을 들어 보아라. 아이들을 생각
해 보아라.

분명 분반공부처럼 기다려지는 시간도 또 없을 것이다.

분반공부야 말로 교사가 빛을 발하는 시간이다.

## 1. 분반공부란?

분반공부는 아이들의 눈높이에 맞추어 복음을 소개하고, 예수님을 인격적으로 만나는 시간이다. 이런 만남을 통해 아이는 그리스도인으로 자라게 되며, 세상 속에서 그리스도인으로 살아갈 힘을 얻게 된다. 더불어 '우리'라고 하는 공동체 의식을 함양하는 시간이다. 이러한 교육 목표를 가지고 예배 후에(혹은 교회의 형편에 따라 예배 전에) 각 반 선생님들을 중심으로 모이는 시간을 분반공부라고 한다.

## 2. 분반공부 준비하기

① 기도하라 : 자신과 아이들, 성령님의 임재를 위해서 반드시 기도해야 한다. 기도 없이 분반 공부가 잘되기를 바라지 마라.

② 파악하라 : 교사는 가르쳐야 할 내용을 미리 파악해야 한다. 미리 파악해야 중언부언하지 않게 된다.

③ 요약하라 : 핵심만 말하라. 단문으로 말하라. 주어와 동사의 형태로 말하라. 눈높이에 맞게 말하라. 중요한 말은 다시 한번 요약해서 전하라.

④ 연습하라 : 적어도 두 번 이상은 혼자서 말해 봐야 한다. 말해 보면 이상한 점이나 수정해 야 할 점을 알게 된다. 중요한 말이 어떤 말인지도 깨닫게 된다.

⑤ 첨가하라 : 항상 말로만 하지 말라. 흥미를 위해 그림도 준비하고, 지도도 준비하고, 실물 자료도 준비하라. 말로는 한계가 있다.


## 3. 분반공부를 진행하기

① 지지하기 : 아이와의 관계에서 주춧돌을 놓는 작업이다. 아이에게 안정감을 주어야 한다. 어떻게 말하면 좋을까?

② 질문하기 : 질문은 본문에서 벗어나지 말아야 한다. 간결하게, 핵심을 질문해야 한다. 어떻게 질문하면 좋을까?

③ 들어주기 : 인내심을 가지고 들어주라. 돕는 자의 선을 넘지 말아야 한다. 어떻게 들어주면 좋을까?

④ 인정하기 : 인정은 조화(造花)가 아니라 조화(調和)다. 나의 색깔도 예쁘지만 너의 색깔도 예쁘고, 나는 그런 너의 색깔을 전적으로 존중하겠다는 뜻이다. 어떻게 인정하면 좋을까?

## 4. 분반공부 마무리하기

① 핵심짚기 : 마지막에는 꼭 다시 한번 핵심을 짚어준다. 마지막이 가장 임팩트가 있다. 더 불어 마무리가 좋아야 다음 모임이 기대가 된다.

② 적용하기 : 말씀을 삶에 적용할 수 있도록 도와주어야 한다. 적용 및 결단은 1개만 말하도 록 하라. 매주 1개씩만 잘 지켜도 일 년이면 52개의 결실이 맺힌다.

③ 응원하기 : 아이의 결단을 축복하고 응원해야 한다. 다만 아이의 결단이 너무 두루뭉술하면 조금 더 실천적으로 다듬어 주고 응원하라.

④ 기도하기 : 말씀과 결단대로 사는 우리의 삶을 위해서 기도하고 마쳐라.


## 5. 분반공부 문제시

① 떠들 때 : 아이가 떠들면 주의를 시키거나 눈길을 한 번 더 준다(강압적이지 않게). 혹은 목소리의 크기를 조절해도 된다. 더 좋은 방법은 교사를 도울 수 있는 역할을 주면 좋다.

② 말을 안 할 때 : 아이가 대답을 안 할 때가 있다. 두 번 정도 물어서 대답을 안 하면 자연스레 넘기자. 아주 작은 참여만 하더라도 그것을 꼭 칭찬해라.

③ 말을 안 들을 때 : 한두 번 주의를 주었음에도 지도를 따르지 않는다

면 분반공부를 마친 후 개인적으로 이유를 물어야 한다. 함께 있을 때 심하게 다그치거나 이유를 묻지 않는다.

④ 이 외에도 문제들이 생긴다면 일단은 교역자나 다른 선생님들에게 도움을 요청하는 것이 좋다. 경험이 많은 교역자와 선생님은 여러 가지 사례들을 많이 가지고 있기 때문이다.

⑤ 결국 중요한 것은 사랑, 관심, 인내다. 이 세 가지만 있으면 분반공부 시 크게 문제 생길 것은 없다.

6.

**짧은 글,
긴 생각**

**아이의 말에 집중을 위한 팁!**

① 상대의 표정과 행동을 따라 하는 미러링(mirroring)으로 상대가 공감을 받는다는 느낌을 준다.

② 적절한 끄덕임과 추임새를 보여주는 페이싱(pacing, 상대방에게 먼저 내 자신을 맞추는 것)으로 상대와 보조를 맞추고 있다는 느낌을 주어 좀 더 편안하게 말할 수 있도록 해 준다.

③ 상대방의 말을 적절히 반복하거나 요약하면서 '말걸음'을 확인한다.

④ 상대의 표면적인 말보다 말 이면의 마음과 의도에 더 집중해서 듣는다.

_ 김수인, 《소통 수업》 중

분반공부는 서로의 시선이 머리에서 가슴으로 내려오는 시간이다. 분반공부는 서로의 시선이 가슴과 가슴에서 만나는 시간이다. 그러기 위해서는 오롯이 서로에게 집중하는 마음, 자세, 노력이 필요하다.

분반공부 시간,

아이의 존재를 만날 마음의 준비가 되었는가?

아이의 목소리를 들을 귀는 열려 있는가?

아이를 맞아 줄 손이 열려 있는가?

아이를 안아 줄 가슴이 열려 있는가?

분반공부는 그런 준비만으로도 행복한 시간이다.

# 8장

# 심방은
# 구절판이다 _심방

# # 아이스브레이킹

◆ 최근에 가장 인상 깊었던 만남이 있다면 그 이유는
  무엇인가요?

◆ 어색한 분위기를 깰 수 있는 나만의 필살 비법은 무엇인가요?

**다음세대**
**교육 리부팅 2**

솔직함,
자신 없으면
묻고 시작하라

사역 중에서 심방이 제일 어렵다. 왜 어려울까?

심방이란 타인(他人)이 지인(知人)이 되는 과정이기 때문이다. 타인과 지인 사이는 천양지차(天壤之差)다. 이 사이를 지나가려고 하니 어려운 것이다. 그러나 길은 있다. 사역을 해보면서 내린 결론은 솔직함이다. 최고의 지름길은 솔직함이다.

많은 교사들이 심방에 실패한다. 실패하는 이유는 속았기 때문이다. 남에게 속은 것이 아니다. 자신에게 속은 것이다. 사실 교사는 아이를 잘 모른다. 일주일에 한 번 보는 것으로 아이를 알 수 없다. 그럼에도 아이에 대해서 잘 안다고 스스로 생각하고, 자신의 생각대로 심방을 한다. 결과는 어떻게 될까? 당신도 잘 아는 결론이다. 어색함과 불편함.

그러다 보니 사역을 하면서 가장 많이 받은 질문 중 하나는 심방이다. '어떻게 해야 심방을 잘할 수 있나요?'라는 질문은 사역지를 옮길 때마다 받은 단골 질문이다. 이 질문에는 숨어있는 단어가 있다. '실패 없이'다. 그러니까 '지금까지 너의 사역 경험을 토대로 나에게 (실패없는)심방의 비법을 알려 달라'는 것이다. 소위 '한 방'에 성공하는 심방의 비법을 알려달라는 것이다.

결론부터 말하자면 없다. 한 방으로 성공하는 심방 비법은 없다. 있었으면 나도 좋겠다. 나 역시 20년 동안 사역을 했음에도 종종 심방을 하면서 헛발질을 하기 때문이다. 여전히 심방은 어렵고 긴장된다. 그런 점에서 심방은 하면 할수록 구절판 요리와 같다는 생각이 든다. 심방은 구절판이다. 한식 조리를 하는 선생님께 구절판은 궁중요리의 대표작 중 하나라고 들었다. 9가지의 재료, 각 재료마다 요리의 방법이 다 다르다. 한마디로 손이 많이 간다. 시간도 걸리고, 긴장도 해야 한다. 그러나 정성들여 준비한 각각의 재료들이 밀전병에 쌓일 때, 비로소 하나의 고급스러운 요리가 탄생한다. 심방이 딱 그렇다.

심방은 뭐 하나만 가지고 되지 않는다. 구절판에 9가지의 재료가 필요하듯 심방에도 준비 재료가 필요하다. 관계도, 소통도, 인내도, 헌신도 필요하다. 여기에 시간도 필요하다. 이런 요소들이 하나하나 모여 만날 때, 비로소 의미있는 심방이 탄생한다. 그러니 '한 방' 심방이란 없다. 심방은 '한 방'이 아니라 '여러 방'이 필요하다.

여기에 더하여 몇 번의 실패 과정도 필요하다. 요리 초보가 구절판을 바로 만들 수는 없다. 어느 정도 숙련의 과정이 필요하고 여기에 실패도 있을 수 있다. 심방 역시 몇 번의 실패를 경험해야 하고, 이것을 긍정적으로 보는 여유도 필요하다. 잘 아는 것처럼 세상의 대가도 실수나 실패를 통해서 완성되었다. 이것이 '실패는 성공의 어머니다'라는 문구가 자주 회자되는 이유다. 신성권의《창조성 수업》에는 이런 인물들의 일화가 소개되어 있다.

《안네의 일기》는 15군데 출판사로부터 거절당했다.《바람과 함께 사라지다》는 38군데,《해리포터와 마법사의 돌》은 12군데의 출판사로부터 거절당했지만 최고의 베스트셀러가 되었다. … 당신이 어떤 일에 도전한 횟수나 당신의 작품이 거절당한 횟수는 별로 중요하지 않다. 오히려 많은 실패를 겪고 이룬 성공은 당신을 더욱더 강하고 멋진 사람으로 보이게 만들어 준다.[52]

이런 실패들은 오히려 작품들을 더 돋보이게 한다. 실패의 횟수가 많으면 많을수록 더 괜찮은 작품, 대중에게 사랑받는 작품이 탄생한다. 심방도 이와 같다. 심방에도 실수나 실패가 필요하다. 실패했다고 주눅들 필요는 없다. 다만 작품의 횟수처럼 실패하면 절대로 안 된다.

사람은 원고와 다르다. 사람은 감정의 동물이다. 원고는 감정이 없지만 사람에게는 감정이 있다. 만남의 자리에서 계속 실패한다면 더 이상 기회는 없을지도 모른다. 정회일 작가는 말한다. "인생은 실수의 연속이지만, 같은 실수를 반복하는 것은 자신과 자신 주위 모두를 피곤하게 만드는 행위이다"라고.[53] 피곤하게 하면 만날 기회가 주어지지 않는다. 가뜩이나 모두가 피곤한 세상이지 않나.

한두 번의 실수나 실패는 학생도 이해한다. 한두 번 실수했다고 해서 선생님을 탓하는 학생은 지금껏 만나본 적이 없다. 아이들 역시 그런 선생님의 실수를 귀여운 노력으로 받아들인다. 그러나 계속하여 실수나 실패가 거듭된다면 어떤 아이가 그 선생님을 만나고 싶어 하겠는가. 개선의 의지가 없어 보이지 않겠는가. 존중받지 못한다고 생각하지 않겠는가.

실패하지 않는 심방. 아니 실패를 최소화하는 심방. 신뢰를 쌓는 심방. 어떻게 하면 그런 심방이 될까?

나의 경험에 빗대어 보면, 서두에 언급한 것처럼 '솔직함'이다.

관계에서 솔직함은 최고의 무기다. 서로의 관계를 망치는 지름길은 '그럴 것 같다'라고 지레짐작하는 것이다. 앞선 '소통'에 관한 장에서도 끊임없이 강조한 것은 '나'가 아니라 '너'였다. 나의 신발을 벗고 너의 신발을 신어 보는 것이 소통이다. 그런데 이 신발을 어떻게 신어야 할지 모르겠다면 어떻게 해야 할까? 당연히 솔직하게 물어야 한다. 질문하면 상대는 친절하게 가르쳐 준다. 솔직함과 친절함은 동전의 양면과 같기 때문이다. 나 역시 심방하기 전, 항상 아이에게 묻는다. 기회를 묻고, 기호를 묻고, 기분을 묻는다. 솔직하게 묻는다.

교사는 솔직할 때 매력이 있다. 실제로 아이들은 모르면 물어보는 교사에게 더 매력을 느꼈다. 아이들은 말했다. "솔직하게 물어보면 우리를 존중하는 느낌이 들어요." 반대로 자기 마음대로 선택하는 '답정너(답은 정해져 있고 넌 대답만 하면 돼) 교사'에게 가장 불편함을 느꼈다. 자신을 애 취급해서 기분 나쁘단다.

솔직할 때 비로소 서로를 알게 된다. 교사와 아이가 서로 이해하게 되고, 타인이 지인이 된다. 서현진은 솔직함을 자신의 매력으로 어필하는 배우다. 그녀가 인터뷰 때 했던 말을 기억할 필요가 있다. "그냥 솔직한 게 최선인 거 같다. 연애를 하든 아니면 사람을 상대하든. 조금은 상대방이 너무 솔직해서 당황할 수 있을지언정 결국은 다 속내를 알기 위한 과정이라고 생각한다."[54]

서현진은 솔직함을 '서로의 속내를 알기 위한 과정'이라고 말했다. 맞는 말이다. 교사도 역시 솔직하게 물어야 한다.

심방 전에 기회를 물어라.

언제가 좋은지. 낮이 좋은지. 밤이 좋은지.

심방 전에 기호를 물어라.

양식이 좋은지. 한식이 좋은지. 일식이 좋은지.

심방 전에 기분을 물어라.

요즘 아픈 데는 없는지. 마음은 어떤지.

솔직하게. 그러나 선은 지키면서. 역린(逆鱗)은 절대로 건들지 말라.

심방은 서로 다른 존재의 만남이다. 이미 다름을 전제하는 만남이다. 그런 자리에서는 솔직함이 최고의 무기다. 솔직하게 물을 때 서로가 서로를 알게 된다.

교사는 지레짐작하지 말고 솔직하게 아이에게 물어야 한다.

그런 심방이 실패 없는 심방이고, 그런 심방이 행복한 심방이다.

실없음,
허허실실이 최고의
전략이다

"○○아! 우리 언제 만날까?"

"죄송해요. 선생님. 갑자기 학원 보강이 잡혀서 힘들 것 같아요."

이번에도 아이를 만나지 못했다.

왜 많은 교사가 심방에 실패할까?

아이들은 선생님이 만나자고 하면 왜 답장이 없는 것일까?

한 아이에게 그 이유를 물었더니 대답했다. "선생님이 너무 진지해요. 주일 반 모임 시간에도 진지해서 힘든데, 평일에까지 만나서 그 진지함을 연장하고 싶지는 않아요." 진지함이 문제였다. 너무 진지하기만 하니까 시작도 하기 전에 질리는 것이다.

심방의 핵심은 실없음이다. 심방은 실없는 이야기를 얼마나 잘하느냐에 달려있다. 심방의 핵심은 분위기와 대화인데 시작은 가벼울수록 좋다. 가능하면 분위기가 무겁지 않아야 하고, 대화의 주제도 무겁지 않아야 한다. 분위기도, 주제도 무겁지 않기 위해서는 실없는 이야기가 최고다. 쉽게 말하면 잡담이다.

잡담은 윤활유다. 가끔 어떤 교사들은 잡담을 가벼이 생각하여 가능하면 아이들 앞에서 하지 않으려고 한다. 실없는 이야기는 곧 시간 낭비라고 생각하기 때문이다. 성경 이야기만 해도 부족하다고 생각한다. 절대로 그렇지 않다. 오히려 잡담을 많이 준비해야 한다. 예수님을 보라.

예수님의 말씀에는 유머와 비유가 많다. 왜 많을까? 갑자기 본론부터 꺼내면 누가 바로 집중할 수 있겠나. 이해도가 낮은 우리가 어떻게 예수님의 말씀을 바로 이해하겠나. 예수님도 기름칠을 한 후 본론을 꺼내셨는데, 우리는 바로 본론부터 꺼낸다. 전문가인 예수님도 그러지 않으셨는데….

대화에는 기름칠이 필요하다. 그런 점에서 교사는 영업사원의 말하기 기술을 좀 배울 필요가 있다. 그들은 말로 사람의 마음을 훔쳐야만 물건을 판매할 수 있다. 말이 곧 실적인 셈이다. 강원국은《강원국의 어른답게 말합니다》에서 영업사원의 말하기 기술에 대해서 설명한다. 중요하니 잘 들어보자.

누군가를 찾아가 다짜고짜 본론부터 말해서는 성공할 확률이 희박하다. 영업하는 사람에게 30분의 시간이 주어졌다면 마지막 3분에 본론을 말하고 그 앞의 27분은 잡담에 써야 한다. 마음이 열리는 예열 과정이 필요한 것이다. 상대가 경계 태세를 늦추고 들을 준비가 되게끔 만드는 데 시간과 공을 들여야 한다.[55]

영업사원의 말하기 전략은 주어진 시간의 90%를 잡담에 쓴다. 즉, 가벼운 이야기를 계속함으로써 상대의 마음에 기름칠을 하는 것이다. 그리고 마지막에 본론을 짧게 말한다. 상대방의 마음이 움직이고 이것이 판매와 실적으로 이어진다. 90%의 잡담과 10%의 본론.

그러나 교사는 심방 때 반대로 한다. 본론을 90% 말한다. 처음부터 바로 본론으로 시작한다. 여기에 중간중간 가벼운 이야기를 담는다. 중간중간 가벼운 이야기를 담아 보지만 이미 시작부터 너무 무겁게 출발했다. 결국 "잘가!"란 말과 함께 헤어지지만, 그 말은 곧 다음 만남에 대한 작별 인사이기도 하다.

심방은 무거움이 많으면 무조건 실패한다. 물론 무거운 분위기가 필요할 때도 있다. 항상 가벼울 순 없다. 그러나 그 무거움도 처음부터 무거움이 시작이면 안 된다. 시작은 가벼워야 하고, 분위기가 무르익었을 때 무거움을 표현할 수 있다. 심방은 무거움보다는 가벼움의 비중이 월등히 높아야 한다.

처음부터 무거우면 '다음'이라는 기약은 없다. 그렇게 하면 절대 아이의 마음을 열 수 없다. 특히 고학년으로 갈수록 다음에 아이가 만나려 하지 않는다. 아이와의 관계에서 성공하려면 아이에게 거부감이 없어야 한다. 너무 작아서 아이에게 거부감조차 들지 않아야 한다. 그래서 실없음, 가벼움이 그토록 중요한 것이다.

실없음. 허허실실의 좋은 예 중에 하나는 '아재개그'다. 유독 아재개그를 많이 하는 선생님 한 명을 알고 있다. 아이들은 그 선생님이 개그를 할 때마다 "우~" 하거나 "아! 쫌요" 하면서 손사래를 친다. 그러나 정작 그런 아이들은 담임교사보다 그 선생님과 더 많은 이야기를 한다. 담임 선생님 앞에서는 볼 수 없었던 다정함을 그 선생님 앞에서는 볼 수 있다.

만남의 핵심은 알아감이다. 알아가기 위해서는 의미 있는 말을 많이 하려는 욕심을 버려야 한다. 교사가 먼저 실없는 사람이 되겠다고 마음을 먹고 편하게 대화를 시작하면 된다. 그저 가벼운 말들을 던지는 것이 핵심이다. 그렇게 할 때, 그리 머지않은 어느 날, 심방에서 의미 있는 대화들이 땅콩 줄기처럼 줄줄이 딸려서 나온다.


가벼운 말들을 많이 준비하라.

실없은 이야기들을 많이 하라.

허허실실. 그런 다가감이 사실은 최고의 심방 전략이다.

스토리,
기억의 생명력을
연장하다

심방은 솔직함으로 시작된다.

심방은 실없음으로 다가간다.

심방은 스토리로 무르익는다.

심방에는 나의 스토리가 필요하다. 심방을 잘하는 방법 중 하나는 먼저 나의 이야기를 하는 것이다. 처음부터 아이가 마음의 이야기를 하는 경우는 극히 드물다. 대부분의 경우, 내가 먼저 나의 이야기로 시작해야 한다. 그런 이야기를 통해 '나는 너를 신뢰하고 있어. 그래서 이런 이야기도 스스럼없이 너와 나누고 싶어'라는 마음을 표현해야 한다. 그럴 때 심방의 분위기가 무르익는다.

왜 스토리가 중요할까?

스토리는 쉽게 기억되고 오래 마음에 남기 때문이다. 즉, 기억의 생명력이 연장된다.

예를 들어보자. 지인 중 한 분이 로마에서 여권을 잃어버린 적이 있다. 여행 중 소매치기를 당한 것이다. 소규모 단체였기에 다른 일행들은 일정을 진행하고 그분은 대사관으로 향했다. 우여곡절 끝에 다시 일정에 참여할 수 있었다. 그분에게는 너무 힘든 시간이지만, 그런 대형 사고를 친 여행은 잊으려야 잊을 수가 없다. 그 힘든 시간이 스토리로 탄생했다.

이제 그분은 여행 이야기만 나오면 침을 튀기며 여권 이야기를 한다. 어디 가든 여권을 잘 관수해야 한다고 목소리를 높인다. 우리들 사이에서는 '여권 전도사'로 불린다. 그래서 나는 여권만 보면 그분이 생각난다. 자연스레 그분부터 생각이 난다. 여권에 그분의 스토리가 입혀졌기 때문이다.

우리가 살아가는 삶의 모든 순간들이 다 스토리가 되지는 않는다. 내가 여권을 보면서 모든 사람이 생각나지 않는 것처럼 말이다. 스토리는 어떤 사건에 특별한 감정이 부여되고, 부여된 감정이 언어로 다시 묶일 때 비로소 생명력이 생긴다. 강력하게 살아 숨 쉬게 된다.

이런 스토리의 생명력은 너무도 강력하다. 앞선 여권의 예만 보더라도 확실하다. 그래서 교사는 스토리를 많이 가지고 있을수록 심방이 편하다. 이런 스토리를 먼저 아이들에게 공유하면 아이도 쉽게 마음을 연다. 더불어 특정 물건이나 장소를 볼 때마다 그 선생님이 생각난다. 특히 실패의 스토리는 아이들의 마음 빗장을 여는 최고의 열쇠다. 실패의 스토리에는 공감의 속도가 빠르다. 일부 교사들은 좋은 스토리만 말하려 한다. 굳이 실패의 스토리를 말함으로써 자신의 격을 떨어뜨리고 싶지 않은 것이다. 그러나 아이들은 교사의 실패 스토리를 들을 때 눈이 더 반짝인다. 내가 아는 교사 한 분은 매년 새로운 반을 맡으면 일단 분반공부 시간에 자신의 실패 스토리부터 이야기한다. 여전히 하나님 앞에서 좌충우돌하는 자신을 재미있게 표현한다. 한 두어 달 그렇게 하고 나면 신기하게도 학생들이 먼저 마음을 연다.

마음을 열면 스토리의 주인공이 바뀐다. 이제는 아이들이 자신의 스토리를 말하기 시작한다. 학교에서 실수했던 일, 학원에서 웃겼던 일 등등 여러 가지 이야기가 나오기 시작한다. 이런 이야기들은 자연스레 하나님과 연결하기도 쉽다. 분반공부가 재미있으니 심방을 기대한다. 심지어 심방을 해 달라고 한다. 아무래도 밖에서 만나면 더 편하고 재미있기 때문이다.

잊지 말자. 스토리는 정말로 힘이 세다. 특히 교사가 자신을 허물고 실패를 말하는 스토리는 더 힘이 있다. 김정태 작가는《스토리가 스펙을 이긴다》에서 스토리의 힘을 말한다.

스펙은 상대를 배제하지만, 스토리는 상대를 포섭한다. 스펙에게 실패는 감추고 싶은 기억이지만, 스토리에게 실패는 자랑하고픈 경험이다. 스토리는 기회를 부르고, 마침내 스펙을 이긴다.[56]

김정태 작가는 스토리야말로 상대를 사로잡는 비법이라고 말한다. 실패도 스토리가 되면 자랑이 된다고 한다. 그래서 요즘은 스펙보다는 스토리가 있는 사람에게 더 많은 기회가 돌아가는 것이다. 그렇다고 꼭 실패의 스토리만 가지고 있으라는 뜻은 아니다.

교사에게 스토리는 다다익선(多多益善)이다. 성공의 스토리, 인내의 스토리, 감사의 스토리, 극복의 스토리, 슬픔의 스토리 등 많은 스토리가 있으면 다양한 상황에서 이야기를 시작하기 좋다. 어색해하는 그 순간, 정적이 흐르는 그 순간, 먼저 나의 이야기로 대화의 포문을 열 수 있다.

확실히 사역의 현장에서 보니 아이들은 똑똑한 교사에게 관심이 없었다. 스토리가 있는 교사, 스토리를 공유하는 교사에게 더 관심이 있다. 자신의 이야기를 먼저 나누는 교사와 더 많은 시간을 보내고 싶어한다. 김정태 작가의 말이 확실히 맞다.

스토리는 기회를 부르고, 마침내 아이들의 마음을 열게 한다.

스토리는 마음을 열게 하고, 심방을 무르익게 한다.

그렇게 스토리는 심방에 생명력을 부여한다.

심방을 잘하는 교사가 되고 싶은가. 스토리를 많이 만들어라.
먼저 관계의 기름칠을 할 수 있는 나의 스토리를 많이 가져라.
그런 교사가 관계도 좋고 심방도 잘한다. 심방은 스토리다!

## 1. 교사는 심방 전 **아이들에 대한 이해**가 필요하다.

① 아이들의 발달 연령에 대한 이해가 필요하다.
② 또래 아이들의 문화에 대한 이해가 필요하다.
③ 그 아이의 상황에 대한 이해가 필요하다.

: 심방의 출발점은 대상에 대한 이해다. 대상에 대한 올바른 이해가 있어야 대상에게 맞는 심방 방법을 찾을 수 있기 때문이다. 교사는 자신이 심방하는 대상에 대한 이해가 먼저 있어야 한다. 초등학생은 초등학생에 대한 이해, 고등학생은 고등학생에 대한 이해가 먼저다. 그 이후에 심방 계획을 잡아야 한다.

## 2. 심방의 기본은 **솔직함**이다.

① 그 아이에 대해 모르는 것이 있을 땐 물어야 한다.
② 애매할 때도 반드시 물어야 한다.
③ 솔직함은 서로를 더 이해하고 가깝게 만든다.

* 단 모든 것을 다 묻는 것은 솔직함이 아니다. 불편해하는 기색이 있으면 적당히 물러날 줄도 알아야 한다. 역린을 건들지 않도록 조심해야 한다.

* 대답의 주도권은 아이에게 있음을 항상 인지하고 있어야 한다.

## 3. 심방에서는 **대화의 밀도**가 중요하다.

① 처음은 나의 이야기를 먼저 공유하는 것이 좋다.

② 중요한 이야기는 뒤쪽으로 배치하라.

③ 한 번의 심방으로 모든 것을 알려 하지 마라. 첫술에 배부를 수 없다.

* 그러기 위해서는 아이와 만날 때, 반드시 핸드폰은 뒤집어라. '너에게 집중하고 있다'는 것을 온몸으로 표현하라.

* 자신이 없을 때는 한 명의 지원군(교역자 혹은 그 아이의 친구)을 요청해도 좋다. 단, 3명 이상이 되면 너무 산만하다. 3명을 넘기지 않는 것이 좋다.

## 4. 심방은 서로에 대한 **스토리**를 만드는 시간이다.

① 평소에도 좋은 글을 보내라. 성경 구절만 보내지 마라. 의미 있는

글귀, 행복한 글귀 등을 종종 보내라.

② 의미 있는 사진도 공유하라. 가끔 '네가 생각났다'며 보내는 한 장의 사진이 서로에게 좋은 추억이 될 수 있다.

③ 심방 후에는 꼭 행복했음을 고백하라. '피드백'은 필수다. 긍정형 피드백으로 보내야 한다.

* 답을 보냈다고 해서 그에 대한 답을 기대하지는 말아라. 보내는 것에만 의의를 두는 것이 교사의 정신 건강에도 훨씬 좋다.

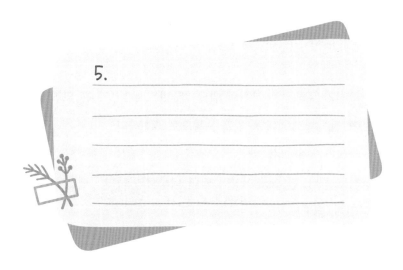

5.

짧은 글,
긴 생각

주일학교에서 당신을 선생으로 만난 사건이, 당신이 맡고 있는 그 아이에게 복인가, 화인가? 혹 아무런 영향도 미치지 않는 의미 없는 일인가? 이 셋 중에 어디에 해당되는지 생각해 보라.

다른 것 다 놓쳐도 좋습니다. 이 점만 기억하면 주일학교는 성공합니다. 저는 교사들이 학생을 만남으로써 그에게 복이 되도록 하겠다는 거룩한 욕심을 제발 가졌으면 좋겠습니다.
_이찬수, 《교육은 감동이다》 중

깊게 생각해 보라.
오늘 당신을 선생님으로 만난 그 아이에게
1년 동안 당신을 선생님으로 만난 그 아이에게
당신은 복인가?

당신은 화인가?

아니면 아무런 영향도 끼치지 않는가?

아이에게 복이 되겠다.

나 역시 그런 만남으로 복을 받겠다. 교사에겐 이런 거룩한 욕심이
있어야 한다.

당신에게는 이런 욕심이 있는가?

이런 욕심은 하나님도 기뻐하신다.

거룩한 욕심을 가져라.

# 교사, 당신의 그 사랑이 한 아이의 인생을 바꾼다

"나는 지금도 그런 상상을 해 본다.
그 아이에게 교회학교 교사 한 명만 있었다면,
그 아이의 인생이 달라지지 않았을까?"

비슷한 시기, 두 아이가 이 땅에 발을 내디뎠다. 둘은 같은 이름을
가지고 나왔다. 그저 다른 점이 있었다면 한 아이는 경북 포항에서,
다른 아이는 전북 김제에서 태어났다는 것이다.

둘은 자라는 환경도 닮았었다. 어려서부터 문제아였다. 물건을 훔치
다가 걸렸고, 똑같이 부모에게 호된 꾸지람을 들었다. 그저 다른 점
이 있었다면 한 아이의 아버지는 훈육 뒤에 사랑으로 감싸주었고,
다른 아이에게는 그저 날 것의 훈육만 있었다.

시간이 지났다.

부모님의 사랑, 주변의 보살핌을 받은 한 아이는 범죄 전문 프로파일러가 되었다. 그는 경찰청 범죄심리분석 자문위원을 역임하고, 자신의 이름을 딴 범죄과학연구소 소장이 되었다. 그가 바로 '표창원'이다.

아무의 사랑도 받지 못했던 다른 아이는 어떻게 됐을까. 그 아이의 아버지는 그가 범죄를 저질렀다는 이유로 소년원에 보내 버렸다. 아무도 그에게 관심을 기울이지 않았고 점점 더 잘못된 선택을 하게 된다. 그는 그렇게 희대의 살인마가 된다. 그가 바로 '신창원'이다.

사랑 없는 훈육이 한 명을 범죄자로 내몰았다. 신창원이 한때 이런 고백을 했다.

지금 나를 잡으려고 군대까지 동원하고 엄청난 돈을 쓰는데 나 같은 놈이 태어나지 않는 방법이 있다. 내가 초등학교 때 선생님이 '너 착한 놈이다' 하고 머리 한 번만 쓸어 주었으면 여기까지 오지 않았을 것이다.

5학년 때 선생님이 '이 쌍놈의 새끼야. 돈 안 가져왔는데 뭐 하러 학교 와, 빨리 꺼져'라고 소리쳤는데 그때부터 마음속에 악마가 생겼다.

_신창원, 《907일의 고백》 중


왜 두 아이는 너무도 다른 길을 걷게 되었을까?

왜 표창원은 사람들의 칭송을 받은 인물이 되고, 왜 신창원은 사람들의 비난을 받는 인물이 되었을까?

여기에 대한 대답은 '사랑'이다.


한 아이에게는 잘못된 길로 갈 때 사랑으로 이끌어 주는 어른이 있었다. 그러나 다른 아이에게는 오직 체벌만 있었다. 그 누구도 아이에게 사랑을 주지 않았다.


나는 종종 이런 생각을 해 본다.

신창원 같은 아이가 어린 시절에 교회학교 교사 한 명만 알았다면 어땠을까?

"하나님은 너를 사랑하신다"라고 말해 주는 교사 한 명만 있었으면 어땠을까?

역사에 가정(仮定)이란 없지만, 나는 살인자 신창원은 탄생하지 않앉을 것이라 확신한다.

그도 이렇게 고백하지 않나. 선생님의 칭찬 한 번만 있었으면 여기까지 오지 않았다고.

단 한 명의 사랑만 있었어도 살인자 신창원은 없었을 것이다.

분명 열심히, 건실하게 살아가는 청년 신창원이 탄생했을 것이다.

혹시 모르지 않나. 표창원보다 더 유명한 인물이 되었을지도.


하나님께서 교사를 부르신 이유는 자명하다.

사랑이다.


하나님은 교사가 한 아이를 향한 조건 없는 사랑을 베풀기를 바라신다.

세상은 조건을 붙이고, 세상은 이유를 찾을 때,

오직 교사는 조건 없이 한 아이를 사랑하길 바라신다.

교사인 우리가 이미 그런 사랑을 받았기 때문이다.


교사의 길에서, 종종 힘이 들고, 흔들릴 때마다

기억하고 다짐했으면 좋겠다.

당신의 그 사랑이 한 아이의 인생을 바꾼다.

교사의 그 사랑이 한 아이의 인생을 바꾼다.

그런 위대한 자리에

하나님이 당신을 부르셨다.

교사는 사랑을 가르치는 존재다.

교사는 위대한 존재다.

당신은 위대한 존재다.

1 나무위키 검색 '정체성', https://namu.wiki/w/정체성

2 네이버 국어사전 '소명', https://ko.dict.naver.com/#/entry/koko/c06e1a0347
6e4af6ab43771ec9da91a0

3 하유진,《내가 이끄는 삶의 힘》(서울: 토네이도, 2016), p. 37에서 재인용.

4 한윤조, <EBS 세계의 명화 '레이(Ray)', 31일 오후 11시>, 매일신문, 2014.5.31.
https://news.imaeil.com/page/view/2014053107281941338

5 이은, <애쉬튼 커쳐 "췌장 손상→시력·청력 마비…살아있는 게 행운">, 머니투데
이, 2022.8.9.
https://news.mt.co.kr/mtview.php?no=2022080914394877432

6 이이슬, <이정하 "30kg 증량, '무빙' 봉석이 맞아요">, 아시아경제, 2023.8.22.
https://www.asiae.co.kr/article/2023082214123927281

7 조릅, <당당함과 뻔뻔함의 차이>, 네이버 브런치 스토리, 22.8.23
https://brunch.co.kr/@252b90ddea99441/3

8 오스 힐먼 저, 김태곤 역,《하나님의 타이밍》(서울: 생명의말씀사, 2011),
pp. 210-212.

9 권수영,《공감에도 연습이 필요합니다》(서울: 샘터, 2003), p. 28.

10 위의 책, p. 30

11 브래디 미카코 저, 정수윤 역,《타인의 신발을 신어보다》(서울: 은행나무, 2022),
pp. 30-31.

12 김경일,《공자가 죽어야 나라가 산다》(서울: 바다출판사, 2023), pp. 149-150.

13 비욘 나티코 린데블라드 저, 박미경 역,《내가 틀릴 수도 있습니다》(경기도: 다산 초당, 2023), p. 130.

14 김수인,《소통 수업》(경기도: 수오서재, 2022), p. 23.

15 김정준,《다음 없는 다음세대에 다가가기》(서울: 글과길, 2023), p. 11.

16 앨런 크라이더 저, 김광남 역,《초기 교회와 인내의 발효》(서울: IVP, 2021), 30~31.

17 위의 책, p. 20.

18 이찬수,《교육은 감동이다》(서울: 낮은울타리, 2000), p. 71.

19 이정현,《교사 베이직》(서울: 생명의말씀사, 2022), p. 42-43.

20 레프 톨스토이 저, 이상원 역,《살아갈 날들을 위한 공부》(서울: 위즈덤하우스, 2021), p. 14.

21 김희중,《가톨릭 교회 교리서》(서울: 한국천주교중앙협의회, 2020), pp. 911-912.

22 네이버, 라이프성경사전, <디모데>
https://terms.naver.com/entry.naver?docId=2391663&cid=50762&categoryId=51387

23 박종순,《열혈독서》(서울: 나침반, 2021), p. 25.

24 고대 이집트 시대, 관 속의 미라와 함께 매장한 사후세계(死後世界)에 관한 안내서이다. 파피루스나 피혁에 교훈이나 주문(呪文) 등을 상형문자로 기록한 것이다.

25 이미지 '사자의 서'

26 '새벽기도', 네이버 지식백과, 교회용어사전(생명의 말씀사)
https://terms.naver.com/entry.naver?docId=2375061&cid=50762&categoryId=51365

27 엄정운, '태양광 설치 일당 25만원 받는 외국인' <유튜브 채널 : 갈때까지 간 남자>, 23.4.9 방영

https://www.youtube.com/watch?v=EqBUWRDd3o8&t=736s

28 이혜인, '기도 시간엔 꺼지고, 케밥 척척… 삼성·LG "이젠 중동"', <조선일보>, 2023.8.28.

https://www.chosun.com/economy/tech_it/2023/05/31/4TL62CAMDV CZTCRW325HHSTLJA/?utm_source=naver&utm_medium=referral&utm_ campaign=naver-news

29 김유영, '자기 홍보 시대' - 김유경 작가의 너나들이 소통 글방 & 심리상담 블로그, 2023.3.9.

https://blog.naver.com/kyy4873/223039520406

30 '자기 부인', 네이버 지식백과, 교회용어사전(생명의 말씀사)

https://terms.naver.com/entry.naver?docId=2376404&cid=50762&category Id=51365

31 이찬수, 《감사》(서울: 규장, 2020), pp. 44~45.

32 유인경, 《퇴근길, 태도를 다시 생각하다》(경기도: 위즈덤하우스, 2017), 184.

33 박종인, '문맹률 90%의 나라에서 문화 강국 대한민국으로' - 박종인의 땅의 역사, <조선일보>, 2023. 5. 24

https://www.chosun.com/opinion/column/2023/05/24/ LYFXO4RNXVBGJNXOYIZ24XPHL4/

34 문맹, 나무위키 백과사전,

https://namu.wiki/w/%EB%AC%B8%EB%A7%B9

35 고두현, '실질 문맹률 75%', <한국경제> 오피니언, 2022.8.23.

https://www.hankyung.com/opinion/article/2022082324651

36 김용규, 김유림,《은유란 무엇인가》(경기: 천년의 상상, 2023), p. 175에서 재인용.

37 바버라 스트로치 저, 김미선 역,《가장 뛰어난 중년의 뇌》(서울: 해나무, 2011), p. 14, 17.

38 정태희,《리버스 멘토링》(서울: KMAC, 2021), p. 118.

39 채널 예스, <은희경 "독서는 삶을 통한 간접경험"> 2016.7.26.
https://ch.yes24.com/Article/View/31255

40 자청,《역행자》(경기도: 웅진지식하우스, 2022), p. 153.

41 이국환,《오전을 사는 이에게 오후도 미래다》(부산: 산지니, 2020), pp. 82~83.

42 유영만,《독서의 발견》(서울: 카모마일북스, 2018), p. 29.

43 <인스타 iring0309> 인스타 글. 2023.8.8

44 박예진, '당신의 15분은 무엇으로 채워져 있나요' - 세상을 바꾸는 시간 15분 대표 구범준 씨, <단대신문>, 2019.9.10.
http://dknews.dankook.ac.kr/news/articleView.html?idxno=16678

45 강원국,《강원국의 어른답게 말합니다》(경기도:웅진지식하우스, 2021), p. 31.

46 앤드루 소벨, 제럴드 파나스 저, 안진환 역,《질문이 답을 바꾼다》(서울: 어크로스, 2012), p. 15.

47 김호연,《불편한 편의점》(경기도: 나무옆의자, 2021), p. 108.

48 김수인,《소통 수업》(경기도: 수오서재, 2022), p. 37.

49 법정, 최인호,《꽃잎이 떨어져도 꽃은 지지 않네》(서울: 여백, 2015), p. 69

50 이찬수,《교육은 감동이다》(서울: 낮은울타리, 2000), p. 163.

51 장진희,《마음에 길을 내는 하루》(서울: 샘솟는기쁨, 2022), p. 57.

52 신성권,《창조성 수업》(서울: 미래북, 2020), p. 114.

53 정회일,《마음에 불을》(서울 :열아홉, 2020), p. 233.

54 조연수, <[국민 호감녀 ③] 서현진 "매력 어필? 솔직함이 최고의 무기">, OBS 뉴
스, 2016.5.27.

http://www.obsnews.co.kr/news/articleView.html?idxno=973590

55 강원국,《강원국의 어른답게 말합니다》(경기도: 웅진지식하우스, 2021), p. 128.

56 김정태,《스토리가 스펙을 이긴다》(서울: 갤리온, 2011), p. 63.

한 권으로 끝내는 ——————

# 교사 교육  이론편

| | |
|---|---|
| **지은이** | 김정준 |
| **발행일** | 초판 1쇄 발행 2023년 12월 5일 |
| **발행인** | 김도인 |
| **펴낸곳** | 글과길 |
| **출판사** | 등록 제2020-000078호[2020.5.29.] |
| | 서울특별시 송파구 삼학사로 19길 5 3층 |
| | wordroad29@naver.com |
| **교정과 교열** | 오현정 |
| **디자인** | 안영미 |
| **공급처** | 하늘유통 |
| | 경기도 파주시 광탄면 분수리 350-3 |
| | 전화 031—947-7777 |
| | 팩스 0505-365-0691 |

| **ISBN** | 979-11-984685-3-6   03230 |
| **값** | 12,000원 |